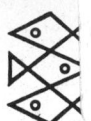

Märchen der australischen Ureinwohner. Die vorliegende Sammlung führt ein in die mythen- und märchenverwobene Vorstellungswelt der australischen Ureinwohner. Mensch und Natur, Tiere und Pflanzen, Diesseits und Jenseits agieren hier als gleichwertige Teile eines organischen Ganzen, gestalten und erleiden ihr Dasein. Da erschafft die Regenbogenschlange das Leben, die Beutelratte muß das sorgsam gehütete Feuer herausgeben, bestraft der Beutelbär das selbstsüchtige Känguruh auf recht drastische Weise. Der gütige Eidechsenahn lehrt die Menschen die Dinge der Welt, und die Papageienschwestern werden durch ihre standhafte Liebe wunderbar verwandelt.

Im Nachwort erläutert der Herausgeber diesen »seltsamen Kontinent« mit seinen Ureinwohnern, den Aborigines, deren mehr als 40 000 Jahre alte Kultur vom Untergang bedroht ist.

Herbert Boltz, 1949 in Leimersheim/Pfalz geboren, studierte Anglistik und Germanistik in Heidelberg, Berlin und München, lebt mit seiner Familie als Dolmetscher und Übersetzer in Freising. Wichtige Veröffentlichungen: ›Australische Mythologie‹ in *Spuren der Traumzeit* (1981) und *Die Suaheli-Stadtkultur an der ostafrikanischen Küste* (1985). In der Reihe ›Märchen der Welt‹ im Fischer Taschenbuch Verlag gab er außerdem den Band ›Venezianische Märchen‹ (Bd. 13017) heraus.

Märchen
der australischen Ureinwohner

✿✿✿✿✿✿✿✿✿

Herausgegeben und übersetzt
von Herbert Boltz
Unter Mitarbeit von Heidrun Vollmer

Fischer
Taschenbuch
Verlag

Für Moritz

7.–8. Tausend: September 1997

Originalausgabe
Veröffentlicht im Fischer Taschenbuch Verlag GmbH,
Frankfurt am Main, September 1996
Erweiterte Neuausgabe

Umschlaggestaltung: Thomas & Thomas Design, Heidesheim
Satz: Fotosatz Otto Gutfreund GmbH, Darmstadt
Druck und Bindung: Clausen & Bosse, Leck
Printed in Germany
ISBN 3-596-13367-X

Inhalt

❁❁❁❁❁❁❁❁❁❁

Der Bumerang der Fledermaus 7
Der große Lehrer 10
Alinga die Sonnenfrau 14
Bolong die Regenbogenschlange 15
Warum die Milchstraße dunkle Stellen hat 19
Der Streit um die Lagune 21
Taia der Rattenmond 25
Worbilinja 26
Von den Wassern des Himmels 27
Gulajahlis Geheimnis 28
Die Feuerstöcke 31
Der Regenmacher 37
Warum die Frauen keine Bärte haben 42
Warum die Männer nicht ohne Frauen leben sollen 45
Gwaibillah der Abendstern 47
Bulpallungo 54
Wuwallas Rache 61
Harrimiah und Perindi 66
Das Trugbild 69
Duraks Verwandlung 79
Die steinernen Frösche 82
Der Emudieb 86
Die verschwundenen Jäger 96
Der Bunjip 102
Der Hinterhalt 107
Geister aus dem Dunkeln 109
Das große Wasser 112
Wie das Känguruh seinen Schwanz bekam 118

Die kluge Schildkröte   122
Die Rache der Stachelschweine   124
Der unsichtbare Gefährte   126
Wallaroos Ende   128
Die Strafe der Berggeister   132
Der Ruf der Eule   134
Die letzte Reise   141

Glossar   146
Nachwort   151
Quellenverzeichnis   168
Weiterführende Literatur in Auswahl   171

Der Bumerang der Fledermaus

❀❀❀❀❀❀❀❀❀

Lange bevor es Menschen gab, lebten die Vögel, Landtiere und Reptilien auf der Welt. Jeden Frühling trafen sich alle Stämme in der großen Ebene. Man hielt einen festlichen Schmaus, es wurde getanzt und gesungen, und die Alten erzählten ihre Geschichten.

Besonders die Vögel waren für ihre Künste berühmt. Sie tanzten vor den Känguruhs, Waranen und Teppichschlangen mit solcher Meisterschaft, daß sie stets stürmischen Beifall ernteten. Gerade der aber stieg ihnen zu Kopfe. »Ist es nicht so, daß wir höher stehen als alle anderen«, sagte eines Tages der Kakadu zum Habichtsadler, dem Anführer der Vögel.

»Du hast recht gesprochen, mein Sohn«, erhielt er zur Antwort.

So begann der Keim der Zwietracht zu wachsen. Es kam zu Feindseligkeiten, und schließlich brach ein offener Krieg zwischen den Vögeln und den anderen Tieren aus. Speere und Wurfstöcke zischten durch die Luft, Mann gegen Mann kämpften mit Keulen und Schlagstöcken.

Lediglich die Fledermäuse hielten sich abseits. Sie schlossen sich keiner Partei an, sondern griffen immer nur zugunsten derjenigen Seite in den Kampf ein, der sich gerade das Kriegsglück zuneigte. Dabei waren die Fledermäuse Meister im Bumerangwerfen. Ihre Wurfhölzer flogen in solcher Zahl durch die Luft, daß sie die Sonne verdunkelten.

Lange wogte das Schlachtengetümmel hin und her, bis sich zuletzt Emu und Känguruh Auge in Auge gegenüberstanden. »Laß uns das Blutvergießen beenden. Es hat schon genug Leid über unsere Völker gebracht«, schlug das Känguruh vor. Das Angebot wurde angenommen. Der Kakadu versöhnte sich mit dem Dingo, der Fächerschwanz mit dem Beutelbären, und bald herrschte wieder Frieden unter den Tieren.

Allein die Fledermäuse standen abseits. Sie waren auf beiden Seiten zum Verräter geworden. Es blieb ihnen nichts anderes übrig, als bei den bösen Eulen, die schon immer in dunkler Abgeschiedenheit lebten, Zuflucht zu suchen.

Während der Kämpfe zwischen den Tieren aber hatte die Sonne ihr leuchtendes Angesicht verhüllt. Die ganze Welt war in tiefer Dunkelheit versunken. Es wurde immer schwerer, Nahrung zu beschaffen, und der Hungertod bedrohte alle Lebewesen. Zwar hatten die Krähen, Fasanen, Elstern und Kakadus unter der Führung des Emus überall Leuchtfeuer angezündet, doch die Holzvorräte gingen rasch zur Neige. In seiner Not berief das Känguruh die große Versammlung der Tiere ein. Alle redeten aufgeregt durcheinander und zerbrachen sich die Köpfe, aber keiner wußte Rat.

»Laßt uns die Eulen und Fledermäuse holen«, rief eine kleine Eidechse, die zu Füßen des Känguruhs saß. »Sie können uns die Sonne wiederbringen.« Der Vorschlag fand allgemeine Zustimmung, und die Eidechse machte sich auf den Weg.

Als Eulen und Fledermäuse in der Ratsversammlung eintrafen, wurden sie von allen Seiten mit Bitten bestürmt. »Warum sollte gerade ich euch das Licht herbeischaffen?« krächzte die Eule, die ein böses Herz hat. »Mein Reich ist die Dunkelheit, in der ich mit meinen Kindern lebe.«

Bei dieser Antwort brachen die Dingos in schauerliches Wehegeheul aus, das so laut war, daß man es heute immer noch hört. Auch die anderen Tiere erhoben ein vielstimmiges Klagelied.

Da regte sich das Mitleid im Herzen der Fledermaus. Sie beschloß, ihren Verrat wiedergutzumachen, und bat die kleine Eidechse um ihren Bumerang. »Ich will die große Dunkelheit teilen und euch die Sonne schicken«, versprach die Fledermaus. »Euch wird der helle Tag gehören, die dunkle Nacht aber soll der Eule und mir verbleiben.«

Daraufhin ergriff sie den Bumerang und schleuderte ihn mit solch ungeheurer Kraft nach Westen, daß er die ganze Welt umkreiste und von Osten her zurückkam. Sobald das Wurfholz wieder zu Boden fiel, ging am östlichen Himmel die leuchtende Sonne auf.

Die Tiere waren außer sich vor Freude. Die Känguruhs sprangen umher, die Dingos schlugen Purzelbäume, die Vögel zwitscherten und sangen in einem fort. Nur die Eule wollte sich dem fröhlichen Treiben nicht anschließen.

Seitdem wird sie von den anderen Vögeln verfolgt und gepickt, wenn sie sich einmal ans Tageslicht wagt. Die Fledermaus hingegen ist mit allen gut Freund. Die kleine Eidechse aber trägt um den Hals noch immer das Zeichen des Bumerangs, den sie vor Zeiten der Fledermaus geliehen hat.

Der große Lehrer

❊❊❊❊❊❊❊❊❊❊

Im Stammesgebiet der Aranda, das im heißen Inneren Australiens liegt, stieg Mangarkunjerkunja, der Eidechsenahne, aus der Erde empor.

Es war Traumzeit. In den Höhlen der Berge ruhten überall noch unentwickelte, zusammengewachsene Wesen, die Mangarkunjerkunja mit dem Steinmesser voneinander trennte. Er öffnete ihnen Augen, Ohren, Mund und Nase, dann verlieh seine scharfe Klinge den formlosen Leibern ihre endgültige menschliche Gestalt.

Der Vorfahre zog durch das Land und hielt Rast an Wasserlöchern oder in Felsschluchten, wo er viele Eidechsen hervorbrachte. Oft verwandelte sich Mangarkunjerkunja auch selbst in eine schuppige Echse, die zwischen den Steinen vor der brennenden Sonne Schutz suchte, während ihre lange, klebrige Zunge nach den umherschwirrenden Fliegen schnappte. An diesen Rastplätzen ließ er außerdem kleine steinerne Tjurungas zurück. Sie wurden zu Bäumen und Felsen, in denen die Ratapa, unsichtbare Geistkinder, auf ihre Mütter warteten.

Im Laufe seiner langen Wanderschaft begegnete der Ahne vielen Menschen, die noch gänzlich unwissend waren. Er zeigte ihnen, wie man Speere, Bumerangs, Schilde und Speerschleudern schnitzt, machte sie mit den Gewohnheiten der Pflanzen und Tiere vertraut, darüber hinaus lehrte er sie das Sammeln, Jagen und Zubereiten der Nahrung.

Vor allem aber die Beschneidung der Knaben vollzog Mangarkunjerkunja zum ersten Mal mit seinem Steinmesser. Er legte die geheimen Mannbarkeitsprüfungen fest

und vertraute ihre Durchführung den weißhaarigen Alten an:
»Hört niemals auf, nach meinen Anweisungen zu handeln«, schärfte er ihnen ein. »Denn sonst wird der unbeschnittene Knabe ein Erintja, ein böses Wesen, das eure Speere stiehlt und zum Himmel emporsteigt, um den ganzen Stamm aus der Höhe herab zu durchbohren.«
Seitdem finden bei den Aranda die Intijiuma, die Einweihungszeremonien, statt, wie Mangarkunjerkunja es angeordnet hat.

In mondhellen Nächten werden die Feierlichkeiten vom Tanz der Mädchen und Frauen eröffnet. Ihre eingeölten Körper sind mit breiten roten Ockerbändern bemalt, die Brüste zieren kreisförmige Streifen, und in den durchbohrten Nasen tragen sie glattpolierte Känguruhknochen. Die Tänzerinnen wiegen sich zum Gesang der Männer, während sie Schilde und Speerschleudern gleichmäßig auf und ab bewegen. Andere wiederum schwingen brennende Zweige und Schnüre aus Beuteldachsschwänzen über ihren Köpfen.
Dann fordert das dumpfe Dröhnen der Schwirrhölzer die Frauen und Mädchen zum sofortigen Verlassen des Festplatzes auf. Es ist ihnen verboten, den geheimen Bräuchen der Männer beizuwohnen.
Der Novize wird nun mit roten und weißen Kreisen bemalt, und in den Gesängen der Alten enthüllen sich ihm die Geheimnisse des Stammes. Sie berichten von den Taten der großen Vorfahren, von den heiligen Orten, wo sich die Tjurungas befinden, ihre auf der Erde zurückgelassenen Leiber. Schließlich erhält auch der Knabe einen solchen Stein zum Zeichen seiner Aufnahme in die Gemeinschaft der Erwachsenen.
Dazu tanzen die jungen Männer stampfend im Takt der uralten Lieder. Rote und gelbe Ockerbänder ziehen sich

über die fettglänzenden Gesichter, Oberkörper und Bäuche, gesäumt von weißen Vogeldaunen, die mit dem eigenen Blut befestigt sind. In den durchbohrten Nasen stecken gebleichte Adlerknochen, die Köpfe ziert ein hochaufragender Schmuck aus leuchtenden Kakadufedern. Am Ende der feierlichen Zeremonie wird der Knabe beschnitten.

Den Frauen und Kindern aber, die nicht wissen sollen, was bei der Beschneidung wirklich geschieht, erzählt man folgende Geschichte.

In Rubuntja, einem Ort im Nordosten, leben viele kleine Männer, die Tuanjiraka, die Kurzfüßigen, heißen. Vor ihren Streifzügen durch den Busch schneiden sie sich das rechte Bein ab, so daß sie immer nur auf einem Bein gehen, während das andere über der Schulter hängt. Nach der Rückkehr ins Lager wird es dann wieder angesetzt.

Die Tuanjiraka machen Schilde aus Ameisenigelfell, ihre Messer sind aus Eidechsenfett, und die langen Schwänze dieser Tiere benutzen sie als Stöcke. In den Haaren, um Leib, Hals und Arme tragen die seltsamen Wesen lebende Schlangen, anstelle von Hunden finden sich Beutelmarder und Opossums in ihrer Begleitung.

Ist an einem heranwachsenden Knaben die Beschneidung zu vollziehen, so bringt man ihn zu einem alten Tuanjiraka.

Dieser ruft laut:

»Nuntu pintiri iranauai.«

Das bedeutet:

»Sieh zum Himmel empor!«

Der Knabe blickt nach oben, da springt der Alte herbei und haut ihm mit dem Eidechsenmesser den Kopf ab.

Um die Mitte des nächsten Tages setzt der Tuanjiraka den Kopf wieder auf den bereits verwesenden Leichnam, der sogleich zu neuem Leben erwacht. Dann stößt er dem Knaben sein stachliges Schild vor die Stirn, bis dieser das volle Bewußtsein wiedererlangt. Die beiden gehen auf eine Wanderung, in deren Verlauf der Novize für seinen Meister kochen und jagen muß. Einige Zeit später kommt der Junge beschnitten ins Lager zurück.

Wenn Frauen oder Kinder das dumpfe Dröhnen des Schwirrholzes hören, laufen sie davon, denn es klingt wie die Stimme eines Tuanjiraka.

Lange noch zog Mangarkunjerkunja, der große Wohltäter, durch das Land der Aranda und belehrte die Menschen. Alt und müde geworden, kehrte er schließlich in seine Heimat unter der Erde zurück, wo seine Seele mit einem roten Körper bekleidet weiterlebt. Der Leib des Ahnen aber ruht als steinerner Tjurunga in einer Höhle, die seitdem ein heiliger Ort des Stammes ist.

In dunklen Nächten geschieht es, daß die Seele des Vorfahren den unterirdischen Wohnsitz verläßt, um ihren früheren Leib zu berühren. Auch geht sie gelegentlich auf Jagd nach Känguruhs und Beutelmardern, die sie mit in die verborgene Behausung nimmt.

Nach Mangarkunjerkunjas Abschied stellten sich mancherorts schlimme Zustände ein. In einigen Gegenden wurde die Beschneidung ganz unterlassen. Die Angehörigen des Eulentotem beschnitten mit brennenden Eukalyptuszweigen, während die Ameisenigelleute ihre Knaben entmannten, so daß die meisten bei diesen Zeremonien starben.

All diese Mißstände wurden jedoch von den beiden Habichtsahnen und dem Känguruhvorfahren behoben, die aus dem Norden kamen, um den alten Gesetzen wieder Geltung zu verschaffen.

Alinga die Sonnenfrau

❀❀❀❀❀❀❀❀❀❀

Alinga, die Sonne, wohnte einst weit im Osten und war eine Frau mit mächtigen Zauberkräften. Sie trug langes, weißes Haar und wurde auch Tenera, die Schöne, genannt.

So groß war ihre Hitze, daß sich kein Mann ihr zu nähern wagte. Eines Tages ergriff sie einen brennenden Ast, kletterte auf einen hohen Baum und stieg zum Himmel empor. Dort zog sie eine feurige Bahn, bis sie schließlich am Abend in einer dunklen Höhle verschwand.

Diesen Lauf hat die Sonne seitdem tagtäglich genommen. Des Nachts aber kehrt sie in der Achselhöhle der Menschen nach Osten zurück, um ihre Wanderung am Morgen von neuem zu beginnen.

Bisweilen verhüllt sie ihren Leib mit einer Felldecke, dann breitet sich Finsternis über die Erde aus. Die Strahlen Alingas hingegen werden Lenga malta genannt, was soviel bedeutet wie die Schamhaare der Sonne.

Bolong die Regenbogenschlange

✳✳✳✳✳✳✳✳✳✳

In der Traumzeit zog Nagacork, der Schützenfischahne, durch den Norden Australiens. Am Flying Fox River schuf er ein großes Wasserloch, das Talawung heißt, und bevölkerte es mit seinen Geschöpfen.

Als Nagacork von einer langen Wanderung nach Talawung zurückkehrte, sah er über den dichten Pandanuspalmen und Papierrindenbäumen am Ufer den Rauch vieler Kochfeuer. Überall waren die Geräusche von Menschen zu hören, die unter den schattigen Baumkronen lagerten. Junge Männer gingen auf Fischfang mit ihren kurzen Speeren, während Frauen und Kinder den schlammigen Fußboden nach Muscheln und saftigen Wasserlilienknollen absuchten. Fröhlich schwatzend schoben die Sammlerinnen ihre bootsförmigen Coolamons einander zu, schwimmende Holzschüsseln, die zum Sammeln der Nahrung dienten.

»Komm her, Alter«, riefen die Männer Nagacork schon von weitem entgegen. »Iß mit uns, es ist genug für dich da.«

Nagacork gab ihnen keine Antwort. Schweigend ging er am Fluß entlang und hielt Ausschau nach den Fischen, die er dort zurückgelassen hatte. Als alles Suchen vergebens war, kehrte er um. Aufgeregt kamen die Jäger herbeigelaufen und deuteten in das trübe Wasser.

»Sieh nur, sind das die Fische, die du suchst?«

Andere wateten durch den Fluß und trieben die verängstigten Tiere laut schreiend gegen das Ufer, doch der Alte schüttelte jedesmal stumm den Kopf.

Auf dem Rückweg machte Nagacork eine seltsame Entdeckung. Scharen roter Ameisen krabbelten den Stamm eines Eukalyptusbaums entlang, bis sie hoch oben in einem großen Astloch verschwanden. Ohne zu zögern, kletterte er hinterher und starrte durch die dunkle Öffnung. Im hohlen Baumstamm lagen die abgenagten Skelette vieler Schützenfische.

Nagacork stieg hinab und ließ sich unter einer Gruppe Pandanuspalmen nieder. Traurig saß er am Boden, den müden Kopf auf die Knie gelegt. Dann stimmte er den uralten Beschwörungsgesang an, der Kurrichalpongo, die schwarze Felsenschlange, herbeiruft. Weithin erklang das eintönige Lied durch den Busch.

»Ich sehe die große Schlange aus den nördlichen Bergen hervorkommen«, meldete wenig später Datat, der grüne Papagei, der auf einem hohen Papierrindenbaum saß.

Nagacork hob den Kopf. Am wolkenlosen Himmel wölbte sich ein mächtiger, buntschillernder Regenbogen über die Welt.

Kurrichalpongo aber wanderte unter der Erde nach Talawung. Dort bohrte sie ein tiefes Loch in das Ufer, aus dem reißende Fluten hervorbrachen. Voller Entsetzen versuchten die Menschen zu fliehen, doch in wenigen Augenblicken hatten die schäumenden Wogen das ganze Gebiet überschwemmt und alles Leben unter sich begraben.

Viele Menschen wurden damals in Vögel verwandelt, die mit rauhem Gekrächze durch die Lüfte flatterten. Andere erhielten die Gestalt von Schildkröten und entgingen auf diese Weise dem Verderben.

Kurrichalpongo legte ihre Eier in das Wasserloch, aus denen junge Regenbogenschlangen schlüpften, die nach allen Richtungen davonkrochen. Manche der Eier verwandelten sich in Steine, wie sie noch heute in Talawung zu sehen sind.

Die große Schlange zog weiter. Ihre Spur grub einen tiefen

Fluß in den trockenen Boden, gesäumt von Bäumen und Schilfgewächsen. Überall glänzten schattige Wasserlöcher in den hellen Strahlen der Sonne. Auf ihrer Fährte bildeten sich Berge und grünendes Buschland.

Am Rande der Waarlook-Narlookebene kämpfte Kurrichalpongo mit Kandagun, dem räuberischen Dingo. Als der Gegner vertrieben war, fiel sie in einen tiefen Schlaf und machte im Traum den bitteren Yams, der seitdem in dieser Gegend wächst. Dann ging die Reise nach Luralingi, das am Hodgson River liegt.

Hierher waren zwei junge Frauen vom Stamm der Marambella vor ihren Männern geflüchtet und hatten sich den beiden Söhnen Nagacorks angeschlossen. In hohlen Baumstämmen entdeckten die vier junge Regenbogenschlangen, die sie erschlugen und dem Alten brachten.

»Dafür werdet ihr sterben«, murmelte er düster, »denn ihr habt die Nachkommen der großen Schlange getötet.«

In Luralingi angekommen, verwandelte sich die grimmige Kurrichalpongo in Bolong, die mächtige Regenbogenschlange. Dabei ließen gewaltige Donnerschläge die Erde erzittern. Vielzackige Blitze schossen über den nachtschwarzen Himmel und spalteten ganze Berge, die mit ungeheurem Getöse auseinanderbrachen und die Frevler unter riesigen Gesteinsbrocken begruben. Schwerer Regen prasselte hernieder, heulende Stürme knickten die stärksten Bäume wie dürre Grashalme und peitschten reißende Flutwellen vor sich her, die alle Stämme der Umgebung ertränkten.

Bolong setzte die Wanderschaft fort. Aus ihrem fruchtbaren Leib strömten Tiere und Pflanzen, auf dem Weg schuf sie Berge, Ebene, Sümpfe und Wasserlöcher. In Moorinjairee traf sie schließlich den alten Nagacork, zusammen mit vier anderen Regenbogenschlangen.

Sie hielten eine lange Beratung ab und veranstalteten einen großen Corrobore, auf dem neue Tänze eingeführt wurden; dann verwandelten die mächtigen Ahnen Tiere in Menschen.

Zuletzt verschwanden die Regenbogenschlangen in der Erde, wo sie am Grund der tiefen Wasserlöcher unablässig neues Leben hervorbringen. An diesen Orten wohnen auch die Kindkeime, die in den Schoß der Frauen eindringen, um als Menschen wiedergeboren zu werden.

Nagacork aber zog ein letztes Mal durch die Jagdgründe der Stämme. Er besuchte die Menschen, Tiere und Pflanzen, dazu sang er sein Abschiedslied, denn er war alt und müde geworden:

> »Allo allo allo allo allo
> Cha nallah wirritt burra burra
> Cubrimilla cubrimilla bo bo.«

Das bedeutet:

> »Lebt wohl, ihr Geschöpfe,
> Für immer verlasse ich euch,
> Doch alle Zeit will ich über euch wachen.«

Und Nagacork stieg zum Himmel empor, wo er zwischen den Gestirnen seinen Wohnsitz nahm. Der Sternenstrom aber, den die Weißen Milchstraße nennen, ist der Rauch von Nagacorks Lagerfeuer, wie er über das nächtliche Firmament zieht.

Warum die Milchstraße dunkle Stellen hat

❀❀❀❀❀❀❀❀❀❀

In einer klaren, mondhellen Nacht waren viele Stammesleute zur Beschneidungsfeier zusammengekommen. Die
Frauen mit ihrer leuchtenden Ockerbemalung führten den
Festtanz auf, die Männer sangen und schlugen den Takt
dazu, wie es Sitte ist.

Auf dem Festplatz lagen zwei Knaben hingestreckt, das
Gesicht der Erde zugewandt. Ihre Brüder und Schwestern
riefen ihnen mit lauter Stimme ›Bau bau‹ zu, damit sie
nicht von den bösen Geistern gebissen wurden.

Plötzlich ertönte das dumpfe Dröhnen der Schwirrhölzer.
Jetzt mußten die Frauen und Mädchen den Platz verlassen.
Es war ihnen verboten, den geheimen Zeremonien beizuwohnen. Nachdem sie sich entfernt hatten, wurde die Beschneidung vollzogen.

Anschließend weihten die alten Männer die Novizen in
die Geheimnisse des Stammes ein. Jeder erhielt als Kopf-
schmuck zwei hölzerne Tjurungas, in denen die Seele der
Ahnen wohnt. Dann mußten sie allein beim Lagerfeuer
zurückbleiben.

Zwei Mädchen jedoch, die den Beschnittenen als Frauen
versprochen waren, mißachteten das strenge Gebot. Voller Neugierde hatten sie sich im Gebüsch versteckt und die
ganze Zeremonie beobachtet. Kaum war es still geworden,
da sprangen sie hervor, warfen sich die jungen Männer
über die Schulter und stiegen mit ihnen zum Himmel empor. Hoch oben an der Milchstraße setzten sie die beiden
ab und steckten die Tjurungas in den Boden.

Am nächsten Morgen durchsuchten die Stammesleute

vergebens die ganze Gegend nach den Verschwundenen.

Die aber kehrten nie mehr zur Erde zurück. Zwei Paare
waren sie und wurden in zwei helle Sterne verwandelt, die
man seitdem in der Milchstraße sieht. Die dunklen Stellen
in ihrer Nähe bezeichnen den Platz, wo die Tjurungas
stecken.

Der Streit um die Lagune

❀❀❀❀❀❀❀❀❀❀

Vor langer Zeit wurde die südaustralische Küste noch nicht von der tiefen Meereseinbuchtung durchbrochen, die heute Spencers Gulf heißt. Damals säumten seichte Lagunen das flache Küstengebiet, und sumpfige Niederungen drangen stellenweise bis weit ins Landesinnere vor.

Diese fischreichen, vor der Brandung geschützten Strände dienten den verschiedenen Familien der Seevögel als Wohnplatz. Hier schnatterten die geschäftigen Völker der Enten und Gänse, da nisteten die schwarzen Kormorane, in der Nachbarschaft hatten sich Pelikane, Schnepfen und Schwäne niedergelassen.

Strandeinwärts dagegen bauten die Landvögel ihre Nester. Die farbenprächtigen Kakadus, die Emus, Habichte, Elstern, Krähen und die Kokaburras, deren gackerndes Gelächter den neuen Tag verkündet.

Und dann tummelte sich noch das vierbeinige Getier. Die flinken Beutelratten, Känguruhs und Beutelmarder, die plumpen, kurzbeinigen Wombats sowie Koala, der behäbige Baumkletterer. Sie alle lebten Seite an Seite, und wenn es regnete oder stürmte, so suchte ein jeder Zuflucht unter derselben schützenden Krone eines mächtigen Eukalyptusbaumes.

Auch die Reptilien hausten am gleichen Ort, doch Schlangen und Eidechsen bevorzugten stets getrennte Schlafplätze.

All diese verschiedenen Tierstämme pflegten die freundschaftlichsten Beziehungen untereinander. Die Enten

hatten ihre Eidechsenfreunde, die Warane, Blauzungenskinks und Bartagame zu Besuch, ein andermal verbrachten die Känguruhs fröhliche Stunden bei den gastlichen
Kormoranen. Dann wieder baten die schwarzen Schwäne
zu einem rauschenden Tanzfest.

Es war eine glückliche Zeit. Bis schließlich irgend jemand
auf den Gedanken kam, daß jede Art für sich allein in
ihrem eigenen Gebiet bleiben sollte.

»Enten laden Eidechsen und Kormorane Känguruhs ein«,
murrte Gulajahli, der Pelikan. »Die Vögel, Vierbeiner und
Reptilien täten besser daran, künftig nur noch mit ihres-
gleichen zu verkehren.«

Solche und ähnliche Ansichten fanden immer größere
Verbreitung. Zum Schluß wollten die Vögel den anderen
Tieren sogar das Betreten der Lagunen verwehren.

Das Känguruh als deren oberster Führer versuchte, die
Streitigkeiten zu schlichten:

»Ihr wißt doch, daß wir das Wasser zum Leben brauchen«,
beschwor es sie.

Zwar gaben die Vögel nach zähen Verhandlungen die Erlaubnis zum Trinken, aber von nun an vergiftete eine
schleichende Zwietracht die frühere Geselligkeit.

»Stellt euch nur vor, wie diese widerwärtigen Kragen-
echsen unser kostbares Wasser verunreinigen«, raunte der
Kakadu seinen Verwandten zu.

»Du hast recht«, pflichtete ihm die Elster eifrig bei. »Auch
mir sträubt sich das Gefieder, wenn ich einen schmutzigen Wombat neben den anmutigen Papageienschwestern
sehe.«

So gewann die Hoffart der Vögel wieder die Oberhand. Sie
verboten den ehemaligen Gefährten das Betreten der Lagunen. Da griffen die Gedemütigten zu den Waffen, und
ein blutiger Krieg brach aus.

Lediglich die Känguruhs, Emus und Koalabären nahmen
nicht an den erbitterten Kämpfen teil. Traurig kauerten sie

beieinander am nächtlichen Lagerfeuer und zerbrachen sich die Köpfe nach einem Ausweg aus der verzweifelten Lage.

»Man sollte die selbstsüchtigen Wesen ein für allemal davonjagen«, schlug der Emu vor.

»Aber dies würde ein noch größeres Gemetzel verursachen«, seufzte das Känguruh.

»Wie wäre es, wenn wir das Meer dazu bringen könnten, das ganze Gebiet einfach zu überfluten«, warf der kluge Koala ein. »Das scheint mir eine wohlverdiente Strafe.«

Dieser Vorschlag gefiel den Freunden am besten. Angestrengt überlegten sie hin und her, doch so schnell wollte sich die richtige Lösung nicht finden.

Tagelang saßen die Gefährten gedankenverloren am Strand. Zuletzt entdeckte der kleine Bär zwischen den Dünen den gebleichten Schenkelknochen eines riesigen Känguruhs. Er schleppte ihn ins Lager, und die drei verbrachten eine unruhige Nacht, denn noch wußte niemand, wie der Plan zu bewerkstelligen war. Unterdessen nahmen die Kämpfe immer bedrohlichere Ausmaße an.

Am nächsten Morgen ergriff der Emu als erster das Wort: »Ich hatte einen schrecklichen Traum«, sagte er. »Ich stand auf einer kahlen runden Insel mitten im Meer. Plötzlich erhob sich eine mächtige Welle, die laut brüllend heranstürmte. In meiner Angst rannte ich mal hierhin, mal dorthin, aber schon donnerten gewaltige Wogen von allen Seiten gegen die Felsen. Verzweifelt warf ich die Arme hoch, schrie um Hilfe, doch eine geheimnisvolle Kraft hielt die Wellen davon ab, die Insel zu überfluten und mich zu ertränken.«

Das Känguruh blickte sich ängstlich um:

»Auch mich plagte ein furchtbares Traumgesicht«, begann es zu erzählen. »Da, wo jetzt die Lagunen in der Sonne glänzen, lag eine öde, ausgedörrte Ebene. Die aufgesprungene Erde war übersät mit den verwesenden Leibern unzähliger Tiere, und zwischen den Toten streiften schauerliche Gestalten umher.«

»Wie ist es dir ergangen?« fragte der Emu den Koala.

»Ich habe die ganze Nacht nur den blanken Känguruhknochen vor Augen gesehen. Kommt, laßt uns schauen, ob wir noch mehr davon finden.«

Der kleine Bär mit den großen runden Ohren führte seine Freunde an die Stelle zurück. Dort gruben sie die restlichen Teile des mächtigen Skeletts aus, die in gerader Linie landeinwärts zeigten. Der Koala nahm den schweren Schenkelknochen in die kräftigen Tatzen und stocherte auf dem sandigen Boden herum.

Da geschah etwas Seltsames. Bei der Berührung brach die trockene Erde entzwei, und das salzige Meerwasser strömte in den gähnenden Spalt.

Der Bär stapfte von der Küste weg nach Norden. Er schleppte den Zauberknochen hinter sich her, der eine breite Bresche in das feste Land riß, die dem schäumenden Wasser einen Weg bahnte. Aufgeschreckt vom Donnern der Brandung, mußten die kämpfenden Tiere voneinander ablassen. Voller Entsetzen zerstoben sie in alle Winde, die Lagunen aber verschwanden für immer unter den rauschenden Wogen.

So bestrafte der Koalabär die Eigensucht der Vögel. Viele kamen damals in den Fluten um, die frühere Eintracht der Lebewesen wurde jedoch nie wieder hergestellt. Daran erinnert noch heute der tiefe Meereseinschnitt im Süden, den die Weißen Spencers Gulf nennen.

Taia der Rattenmond

✿✿✿✿✿✿✿✿✿

Zu Beginn seines Wachstums klettert Taia, der Mond-
mann, im Osten auf einen hohen Tjumbabaum, den die
Weißen auch Eisenholzbaum nennen. Dort oben erlegt er
mit dem Steinmesser viele Beutelratten, die er auf seiner
Wanderung über den Nachthimmel verzehrt.
Dabei wird Taia immer fetter. Um die Zeit des Vollmonds
schleppt er so viele Ratten mit sich, daß ihn die schwere
Last niederdrückt. Er nimmt zusehends ab, bis er sich zu
guter Letzt in ein mageres graues Känguruh verwandelt.
Dieses Känguruh wird von den Jägern gespeert und aufge-
gessen. Der jüngste von ihnen aber wirft das Schlüsselbein
heimlich in ein Wasserloch. Daraus entsteht dann der
Mond von neuem und ist als dünne Sichel wieder am
dunklen Himmel zu erkennen.
Tagsüber reist der Mond an seinen Ausgangspunkt im
Osten zurück, indem er sich wie die Sonne in der Achselhöhle der Menschen versteckt. Wenn Taia auf seinem
Oberschenkel Opossumhaare zu einem Faden rollt, so
wird ein Hof um den Mond sichtbar. Zuweilen verhüllt er
auch sein Gesicht mit Rattenhaar, dann stellt sich eine
Mondfinsternis ein.

Worbilinja

❀❀❀❀❀❀❀❀❀

Vor Zeiten hatte ein Mann eine Frau genommen, die keine Liebe für ihn empfand und sich fortwährend widerspenstig zeigte. Um sie gefügig zu machen, bediente er sich eines mächtigen Zaubers.

Mit Hilfe des spitzen Steins an seiner Speerschleuder schabte er einen Stock glatt, bespuckte ihn und murmelte Beschwörungen darüber. Daraufhin begann seine Frau abzumagern und verfiel immer mehr.

Alsdann nahm er die Speerschleuder, zeichnete damit die Umrisse seiner Frau auf den Boden, bespie das Bild und zündete darin viele kleine Feuer an. Anschließend warf er Tjitatja, kleine Speere, wie sie die Kinder benutzen, nach der Zeichnung. Sie blieben dicht nebeneinander in einer langen Reihe im Boden stecken.

Nach einigen Tagen zog der Mann die Speere wieder heraus und warf sie zum Himmel empor. Mit Hilfe seiner Speerschleuder schickte er auch das brennende Frauenbild zu den Sternen hinauf. Bildnis und Speere aber erschienen seitdem am Nachthimmel als Körper und Schweif eines Worbilinja, den die Weißen Kometen nennen.

Als die Frau schließlich bis zum Skelett abgemagert war, empfand der Mann Mitleid mit ihr. Er rieb sie am ganzen Körper mit Fett ein, und sie erholte sich wieder. Fortan lebten die beiden zufrieden miteinander.

Die Meteore hingegen, welche gleichermaßen zu den Erscheinungen des Himmels gehören, sind große giftige Schlangen mit feurigen Augen. Sie heißen Kulaia, fliegen durch die Lüfte und stürzen in tiefe Wasserlöcher. Daher werden solche Orte auch von den Menschen gemieden.

Von den Wassern des Himmels

✿✿✿✿✿✿✿✿✿

Der Regen wird von den Atuakwatja, den Regenmännern, gemacht. Sie haben große Säcke, in denen Wolken, Blitze, Hagelkörner und weiße Muscheln stecken. Damit steigen sie zum Himmel empor und leeren die Säcke unter lautem Gebrüll über die Erde aus, so daß der Regen in Strömen herniederstürzt. Von Zeit zu Zeit lassen die Atuakwatja es blitzen, indem sie weiße Muscheln hinunterwerfen. Bisweilen schleudern sie auch brennende Känguruhschwänze aus der Höhe herab. Dann schlägt der Blitz in die Bäume ein.

Die Seelen der Atuakwatja aber wohnen in den Tjurunga, den heiligen Steinen. Wird ein solcher mit den Händen gerieben, dann fährt der Atua zum Himmel auf und schüttet seinen Regensack aus.

Mbulara, der Regenbogen, ist ein Mann, der für gewöhnlich in der Erde wohnt. Wenn es ihm dort wegen des eindringenden Wassers zu naß wird, kommt er aus dem Boden hervor, nachdem er sich vorher schön bemalt hat. Die obere Krümmung des Regenbogens ist seine Schwiegermutter, die untere sein Schwager. Wenn Mbulara am östlichen Himmel steht, so vertreibt er den Regen. Erscheint er hingegen im Westen oder Süden, dann kündigt sich neuer Regen an.

Gulajahlis Geheimnis

✿✿✿✿✿✿✿✿✿

In alten Zeiten gab es noch keine Fischernetze. Die Menschen bauten einfach niedrige Dämme aus Steinen und Lehm an einer flachen Stelle quer durch den Fluß. Dann trieben sie die Fische gegen die Sperre und holten sie mit der bloßen Hand aus dem Wasser. An der Küste wurden diese Barrieren über seichte Buchten oder kleinere Nebenarme gezogen und so die mit der Ebbe zurückbleibenden Tiere gefangen.

Gulajahli, der schwarzweiße Pelikan, war damals ein Mensch und ein mächtiger Zauberer. Er hatte als erster ein Netz, aber niemand vermochte zu sagen, wie er dazu kam und wo er es aufbewahrte. Immer wenn der Pelikan fischen wollte, befahl er seinen Söhnen, die Stöcke zu holen, um die Netzenden daran zu befestigen.

»Aber wo ist denn das Netz?« fragten die neugierigen Kinder jedesmal.

»Das laßt nur meine Sorge sein!« antwortete der Vater. »Worauf wartet ihr noch, tut, was ich euch sage.«

Ohne Widerrede verließen die eingeschüchterten Kinder das Lager. Nach Gulajahlis Anweisung mußten sie die Stecken aus dem Eurahbusch schneiden, der an Flußufern oder in der Nähe von Sumpfeichen wächst. Seine herabhängenden Zweige sind mit rosafarbenen, glockenförmigen Blüten übersät, die kleine braune Flecken haben. Von weitem bietet der Eurah einen herrlichen Anblick, aber er strömt einen starken, beißenden Geruch aus. Gibt es irgendwo keine heiligen Dhilbäume, dann werden die Zweige dieses Busches zum Abdecken der Gräber benutzt. Wenn die Söhne zurückkamen, lag das geheimnisvolle Netz bereits vor dem alten Zauberer am Boden. Daneben flackerte ein kleines Feuer aus Rosenholzzweigen. Gulajahli warf ein paar grüne Eurahblätter darauf, hielt das Netz einen Augenblick lang in den qualmenden Rauch und rief die Stammesgenossen zum Fischfang zusammen. An einer flachen Stelle spannten die Männer das lange, senkrecht stehende Netz quer durch den Fluß und befestigten die Enden an zwei in den Sand gerammten Eurahstöcken. Die anderen liefen weiter stromaufwärts, wateten im Wasser zurück und trieben die Fische mit lautem Geschrei in die Falle. Hatte man genug gefangen, so wurde ein großes Feuer angezündet und die Beute über den Flammen gebraten. Jedesmal aber fragten sich alle, wie Gulajahli zu diesem wunderbaren Netz kam, das den Menschen so reichliche Nahrung lieferte, und auch, wo er es versteckt hielt, denn nach dem Fischzug blieb es stets spurlos verschwunden.

Eines Tages beschlossen die Kinder, der Sache auf den Grund zu gehen. Als sie der Zauberer wieder einmal losschickte, krochen zwei von ihnen ins dichte Gebüsch und warteten ab. Kaum glaubte der Alte seine Söhne außer Sicht, da ging eine seltsame Veränderung mit ihm vor. Er begann den Hals zu verrenken und wand sich wie unter starken Schmerzen. In der Meinung, daß der Vater plötzlich sehr krank geworden sei, wollten die heimlichen Beobachter schon aus ihren Verstecken springen, doch dann erstarrten sie vor Entsetzen. Gulajahli wurde von heftigen Krämpfen geschüttelt, sein Hals dehnte sich zu erschreckender Länge, ein letztes Zucken durchlief den bebenden Körper, und aus dem weit aufgerissenen Maul würgte er das geheimnisvolle Fischernetz hervor. Mit beiden Händen zog der Zauberer das lange Netz vollends heraus, bis es schließlich in einem großen Haufen vor ihm am Boden lag. Dann setzte er sich daneben und wartete auf seine

Söhne. Tief erschrocken liefen die beiden Knaben den anderen Brüdern entgegen und berichteten atemlos, was sie beobachtet hatten. Bald wußte jeder von Gulajahlis Versteck, noch aber konnte niemand erklären, wie er das Netz eigentlich machte. Inzwischen hatte sich die Kunde von der neuen Art zu fischen wie ein Lauffeuer im ganzen Land verbreitet. Selbst fremde Stämme kamen von weit her, um das wunderbare Fanggerät zu sehen. Immer wieder mußte der Alte den erstaunten Zuschauern seine Kunst zeigen, doch zuletzt wurde er dieser Anstrengung überdrüssig und gab das streng gehütete Geheimnis preis: »Schält die Rinde des schwarzen Kurrajongbaumes ab und entfernt die harte Außenseite«, brummte er mürrisch. »Dann kaut die weichen Innenfasern, bis sie geschmeidig sind, und knüpft die Netze daraus.«

»Und warum verfährst du nicht ebenso?« fragte einer der fremden Krieger mißtrauisch.

»Ich bin ein mächtiger Wirrinun, ein großer Zauberer«, antwortete Gulajahli stolz. »Ich brauche die Fasern nur zu schlucken, das Netz entsteht von selbst in meinem Körper.«

So lernten die Menschen haltbare Maschen knüpfen, aber nur die Männer von Gulajahlis Stamm wissen die Netze auf die gleiche geheimnisvolle Art herzustellen, wie es die Pelikane auch heute noch tun. Sie fangen die Fische nämlich nicht wie andere Vögel, die auf die Beute herabstoßen, sondern legen die Köpfe zur Seite und ziehen ihre langen, mit einem gewaltigen Kehlsack verwachsenen Schnäbel wie ein Netz durchs Wasser. Die Fische geraten in den tiefen Hautsack und von da in das Netz, das die Pelikane dort versteckt halten, selbst wenn sie es nicht mehr hervorholen wie zu Gulajahlis Zeiten.

Es war der alte Zauberer, der seinen Stammesbrüdern diesen Beutel gab. Deshalb heißen sie auch Gulajahli, das bedeutet, die Leute, die ein Netz haben.

Die Feuerstöcke

✤✤✤✤✤✤✤✤✤✤

Zu der Zeit, als Bootoolgah, der blaugraue Reiher, Goonur, die braune Känguruhratte, zur Frau nahm, kannte noch niemand auf der Welt den Gebrauch des Feuers. Menschen und Tiere, denn damals bestand noch kaum ein Unterschied zwischen ihnen, mußten das blutige Fleisch entweder roh verzehren oder konnten es höchstens in der heißen Sonne zum Trocknen auslegen.

Eines Tages rieb Bootoolgah ganz zufällig zwei Stöcke aneinander, da entstand plötzlich ein heller Funke, und eine dünne Rauchsäule stieg auf:

»Sieh nur, was geschieht, wenn ich die beiden Stöcke reibe«, rief er verblüfft. »Wäre es nicht großartig, wenn wir selbst Feuer machen könnten, um unsere Nahrung damit zuzubereiten?«

»Du hast recht«, antwortete Goonur nachdenklich. »Schneide eine Kerbe in den weicheren Stock, lege etwas dürres Gras und trockene Rindenspäne hinein, und versuche es noch einmal.«

Bootoolgah tat wie geheißen und rieb den Stock in der schmalen Spalte schnell hin und her. Springende Funken entstanden, die den trockenen Zunder in Brand setzten, und bald flackerte ein kleines Flämmchen aus der engen Kerbe.

Reiher und Känguruhratte aber beschlossen, ihre wertvolle Entdeckung vor den anderen Tieren geheimzuhalten:

»Zum Feuermachen und Kochen verstecken wir uns in dem dichten Dornengebüsch da drüben«, sagte Goonur.

»Den einen Feuerstock verbergen wir im stachligen Unterholz, den anderen wollen wir alle Zeit in der Tragetasche mitführen und nicht aus den Augen lassen.«

Fortan brieten die beiden ihre gefangenen Fische immer schön knusprig braun und freuten sich über die wohlschmeckende Nahrung. Jedesmal, wenn sie die Beute ins Lager zurückbrachten, warteten neugierige Stammesgenossen, die mehr über die seltsamen Fische wissen wollten, die so eigenartig verbrannt aussahen und doch so köstlich dufteten.

»Wir haben sie in der Sonne getrocknet«, gaben Bootoolgah und Goonur dann einsilbig zur Antwort und verschwanden in ihrer Behausung.

Zu guter Letzt wurden schließlich Boolooral, die Nachteule, und Quarrian, der Papagei, von der Stammesversammlung beauftragt, das sonderbare Benehmen des schweigsamen Pärchens zu erkunden.

Als Reiher und Känguruhratte nach dem nächsten Fischfang den eigenen Anteil wieder in gewohnter Eile davontrugen, hefteten sich die zwei Späher auf ihre Spur. Bei einem hohen Dornengebüsch schienen die Verfolgten plötzlich wie vom Erdboden verschluckt, doch Boolooral und Quarrian flogen lautlos auf den mächtigen Baum am Rande des Dickichts, dessen luftiger Wipfel eine gute Einsicht in das geheime Versteck bot. Neugierig beobachteten sie, wie Bootoolgah und Goonur unten zwischen dem dichten Gestrüpp ihre Last abwarfen, einen Stock aus der Tragetasche holten und ihn kräftig anbliesen. Diesen legten sie dann auf eine Unterlage aus dürren Zweigen und trockenen Blättern, und sogleich züngelte eine helle Flamme empor. Nach einer Weile war das Feuer heruntergebrannt, und Goonur legte die rohen Fische in die glühende Asche. Bald darauf kitzelte ein köstlicher Duft die Nasen der Späher, die am liebsten im Steilflug hinabgestürzt wären, um ein knuspriges Stück Fisch zu erhaschen.

Das also war das große Geheimnis. Aufgeregt flatterten Boolooral und Quarrian ins Lager zurück und berichteten von ihrer Entdeckung. Hin und her wurde beratschlagt, alle schrien und redeten wirr durcheinander und machten die sonderbarsten Vorschläge, wie in den Besitz des kostbaren Feuerstocks zu kommen sei. Schließlich faßte der Rat der Alten seinen Beschluß:

»Wir werden einen großen Corroboree abhalten«, verkündete der Wortführer. »Ein Tanzfest, prächtiger und eindrucksvoller, als es die jungen Leute des Stammes jemals erlebt haben. Feierliche Tänze und Gesänge, der Klang der Musik und der allgemeine Festtaumel aber sollen Goonur und Bootoolgah derart in Bann schlagen, daß sie sogar vergessen, ihren sorgsam gehüteten Schatz zu bewachen. Beeargah, der Habicht, wird sich krankstellen und mit verbundenem Kopf neben die beiden hinlegen, um in einem günstigen Augenblick die Tragetasche zu stehlen.«

Die meisten Tiere hatten bereits von dem gebratenen Fisch gekostet und spürten ein solches Verlangen danach, daß der Vorschlag des Alten begeisterte Zustimmung fand.

Eilboten brachen zu den umliegenden Stämmen auf, und besonders herzlich wurden die Brolgas, die Kranichleute, eingeladen, von deren berühmten Tanzkünsten man sich viel zum Gelingen des Festes versprach. Aus allen Himmelsrichtungen trafen Zusagen ein, und sogleich begannen die eifrigsten Vorbereitungen, denn jeder Stamm wollte die anderen an Pracht und Schönheit der Festbemalung noch übertreffen. Als die Geladenen am vereinbarten Tag schließlich ins Lager strömten, bot sich den Gastgebern ein eindrucksvoller Anblick, und immer wieder wurden die Neuankömmlinge von begeistertem Beifall empfangen.

Zuerst kamen die Vogelstämme in ihrer unvergleichlichen Farbenpracht. Da waren die Beelee, die schwarzen Kakadus mit leuchtenden orangeroten Tupfen auf dunklem

Grund, und im Gegensatz dazu die Gulajahli, schnee-
weiße Pelikane mit schwarzumrandeten Flügeln und
Schwanzfedern. Die Kormorane prangten im tiefdunklen,
seidig glänzenden Federkleid, und die zahlreichen Familien der Papageien glänzten vom blassen Grün bis zum
grellen Rot in allen Farben des Regenbogens. Den Ab-
schluß bildeten die würdevollen Brolgas, die Kraniche,
deren feuerrot bemalte Köpfe sich seltsam gegen ihr blaß-
graues Gefieder ausnahmen.

Auf dem Festplatz stolzierte Dinewan, der Emu, umher,
und nacheinander trafen bald auch die anderen Stämme
ein. Die grauen und roten Riesenkänguruhs, die bunten
Felsenkänguruhs und schließlich die übrigen Beuteltiere,
unter ihnen Millea, die zierliche Känguruhratte, und Pupilla, der geschmeidige Beutelmarder mit dem weißge-
fleckten, dunkelbraunen Fell. Hinzu kam das Heer der
Echsen und Insekten. Wie ein riesiger Bienenschwarm
summten und schwirrten die erregten Stimmen durcheinander, und alle Gäste sprachen erwartungsvoll von dem
bevorstehenden Ereignis.

Bei Sonnenuntergang wurde der Festplatz vorbereitet,
und auf den gegenüberliegenden Seiten nahmen der Chor
und die zwei Gruppen der Tänzer Aufstellung, Bootoolgah und Goonur aber hatten vereinbart, nur als Zuschauer
am Corroboree teilzunehmen, um ihren kostbaren Schatz
besser bewachen zu können:

»Setz dich hier neben mich, und hänge die Tragetasche
über den Arm«, schärfte der Reiher seiner Frau ein. »Und
daß du sie mir ja nicht aus den Augen läßt.«

Die beiden reihten sich unter die Zuschauer ein, und un-
auffällig bezog auch Beeargah, der Habicht, die vorgese-
hene Stellung dicht hinter ihnen.

Als die Dunkelheit hereinbrach, stimmten Vorsänger die
uralten Lieder an und legten mit hölzernen Klangstäben
den Rhythmus fest. Der Gesang wurde von einem viel-

stimmigen Chor weitergetragen, und sogleich setzten sich mit stampfenden Schritten auch die langen Reihen der Tänzer in Bewegung, auf den Köpfen Tanzschmuck aus Federn und Zweigbüscheln. Im Takt dazu schlugen die Frauen ihre Grabstöcke auf Trommeln aus zusammengerollten Felldecken.

Lauter und eindringlicher wurde der Gesang, das dumpf anschwellende Dröhnen der Instrumente versetzte die geschmeidigen Körper in ekstatische Zuckungen. Der fahle Mondschein beleuchtete den Festplatz, und in dem dämmrigen Licht boten die phantastisch aufgeputzten Tänzer ein eindrucksvolles Schauspiel, das alle Zuschauer in seinen Bann schlug. Auch die Rattenkänguruhfrau vergaß für einen kurzen Augenblick ihre Tragetasche, die ihr vom Arm herunterrutschte, und schon wollte sich der wachsame Beeargah auf die kostbare Beute stürzen, als der Reihermann plötzlich herumfuhr:

»Hab ich dir nicht gesagt, daß du aufpassen sollst«, schrie er Goonur zornig an, denn irgendein Geräusch hatte ihn mißtrauisch gemacht.

Wimmernd und mit verbundenem Kopf lag der Habicht bereits wieder an seinem Platz, und so schöpfte der Bootoolgah keinen Verdacht, beschloß jedoch insgeheim, die leichtsinnige Goonur nicht mehr aus den Augen zu lassen. Den unbestrittenen Höhepunkt der Festveranstaltung aber bildeten die Darbietungen der Kraniche, der weithin berühmten Tanzkünstler. Alle Augen waren auf sie gerichtet, als sie auf ihren langen dünnen Beinen gravitätisch in die Mitte des Platzes stolzierten und sich würdevoll verneigten. Den gleichen Vorgang wiederholten die Brolgas noch mehrere Male mit ernster Miene, wobei ihre Bewegungen immer schneller wurden. Die steifen Verbeugungen gingen in wirbelnde Pirouetten über, und die staksigen Beine vollbrachten die unglaublichsten Sprünge und Verrenkungen. Die Tänzer verdrehten die langen Hälse, blähten die Backen und stießen schrille Töne aus. Sie wackelten mit den feuerroten Köpfen, plusterten sich auf, und dabei gelangen ihnen die sonderbarsten Figuren, bis sich die Zuschauer vor Lachen die Bäuche hielten. Das eigentümlich feierliche Gebaren, das die Kraniche bei diesem tollen Treiben zur Schau trugen, erhöhte noch die Wirkung ihres Auftritts und versetzte das Publikum in einen wahren Heiterkeitstaumel. Etlichen kullerten dicke Tränen über die Wangen, andere schlugen Purzelbäume vor Vergnügen, und auch Goonur verlor in ihrer Begeisterung das Gleichgewicht, kippte prustend nach hinten und ließ die Tragetasche fallen.

Der Habichtmann zögerte nicht lange. Blitzschnell sprang er hinzu, schlitzte den Beutel mit seinem scharfen Steinbeil auf, packte den Feuerstock und zündete das umliegende dürre Gras an, noch bevor Bootoolgah und Goonur ihren Verlust überhaupt bemerkten. Dann rannte er davon, die wutschnaubenden Verfolger dicht auf den Fersen, und setzte fliehend den trockenen Busch in Brand. Von panischem Schrecken ergriffen, stoben die Festgäste auseinander, und in der allgemeinen Verwirrung gelang es Beeargah zu entkommen.

Reiher und Känguruhratte aber mußten mitansehen, wie die anderen Tiere die Flammen wieder unter Kontrolle brachten und nun im Besitz des kostbaren Feuerstocks waren. Schließlich erklärten sie sich sogar bereit, das Geheimnis des Feuermachens preiszugeben, und von diesem Tag an konnten alle Stämme ihr Fleisch auf die neue wohlschmeckende Weise zubereiten.

Der Regenmacher

❀❀❀❀❀❀❀❀❀❀

Eine schreckliche Dürre verwüstete das Land. Die Flüsse trockneten aus, und nur die tiefsten Löcher im aufgesprungenen Boden führten noch Wasser. Das Gras war verdorrt, und selbst die Äste der mächtigen Bäume starben ab. Die Dardurrs, die Rindenhütten, zerfielen, so lange wurden sie schon nicht mehr benutzt, denn nur bei nassem Wetter wohnten die Menschen darin. In trockenen Zeiten hingegen bauten sie einfach Whatdurals, leichte Windschirme aus Zweigen und Blättern.

Unruhe breitete sich im Lager aus, und immer lauter begannen die jungen Männer zu murren:

»Haben nicht unsere Väter gesagt, daß der Zauberer Regen machen kann. Nun aber ist die Erde verbrannt, und der heiße Wind bläst die Gräser davon, so daß kein Samen zum Mahlen bleibt. Känguruhs und Emus verdursten, Schwäne und Enten sind in andere Gebiete gezogen. Die Wasservorräte gehen zur Neige, und bald finden wir nichts mehr zu essen. Warum also ruft der Wirrinun nicht endlich den rettenden Regen herbei, wenn es in seiner Macht steht?«

Der alte Zauberer hörte die zornigen Worte, ohne etwas darauf zu erwidern. In den folgenden Tagen sah man ihn reglos an einem der verbliebenen Wasserlöcher sitzen und geheimnisvolle Beschwörungen murmeln. Seinen Willgu Willgu, den bemalten, mit weißen Kakadufedern geschmückten Stock, hatte er in den schlammigen Boden gestoßen und zwei große Gubberahs daneben gelegt. Diese glänzenden, magischen Kristallsteine hielt er stets unter dem Hüftgürtel aus Oppossumsehnen und Känguruhfell-streifen oder im hochgebundenen Haar verborgen. Ganz besondere Sorgfalt aber verwandte er darauf, sie vor den neugierigen Blicken der Frauen zu bewahren.

Gegen Ende des dritten Tages rief der Wirrinun die jungen Männer zusammen:

»Nehmt die Steinbeile«, befahl er, »und schneidet genug Rinde, um Dardurrs für alle zu bauen.«

Große Rindenstücke und starke Zweige wurden herange-schafft, dann sagte der Alte:

»Nun geht und schichtet kniehohe, flache Erdhügel auf. Bereitet einen als Feuerplatz vor, und auf den übrigen er-richtet die festen Hütten.«

Als die Behausungen fertiggestellt waren, führte der Zau-berer den ganzen Stamm hinunter zum Wasserloch. Dort brachte er Willgu Willgu und Gubberahs an ihren Platz, sprang ins Wasser und gebot den anderen, ihm zu folgen. Fröhlich plantschten die Männer, Frauen und Kinder im seichten Tümpel, der Wirrinun aber tat etwas sehr Seltsa-mes. Nacheinander ging er langsam um jeden einzelnen herum, und immer, wenn er hinter ihm stand, schien er aus seinem Kopf ein Stück Holzkohle hervorzusaugen, das er zischend ins Wasser spuckte.

Nachdem dies auch beim letzten geschehen war, stieg der Zauberer ans Ufer, doch kaum hatte er den Fuß aufs Trok-kene gesetzt, da sprang einer der Krieger hinzu und stieß ihn wieder ins Wasser zurück. So geschah es noch mehrere Male, bis der Alte schließlich heftig zu zittern begann. Dies war für alle das Zeichen zum Verlassen des Tümpels. Der Wirrinun hieß die jüngeren Stammesmitglieder in eine geräumige Zweighütte kriechen, um zu schlafen. Nur er selbst, zwei weißhaarige Männer und zwei alte Frauen blieben draußen. Wie vor dem Zug in ein weit entferntes Jagdgebiet, luden sie ihre sämtlichen Habseligkeiten auf den Rücken, selbst die schweren Mahlsteine zum Zerstoßen des Grassamens. So vollgepackt begannen sie, unruhig die Hütte zu umkreisen, wie jemand, der auf ein geheimnisvolles Zeichen wartet.

Wenig später erschien am Horizont eine Wolke, die jedoch rasch näher kam. Von allen Seiten zogen nun dunkle Wolkenbänke herauf, die sich genau über dem Lager in den Himmel türmten. Immer weiter schwoll die ungeheuere schwarze Masse an, bis schließlich einer der Greise die zitternde Stimme erhob:

»Schnell, sucht Zuflucht in den schützenden Dardurrs, denn bald wird der große Regen über uns kommen.«

Hastig krochen die Stammesleute aus der Hütte und rafften in aller Eile die notwendigsten Dinge zusammen. Oft schon hatten die herabstürzenden Fluten nämlich wertvolle Waffen und Werkzeuge fortgeschwemmt. Kaum saßen sie unter den wetterfesten Rindendächern, da ließ ein furchtbarer Donnerschlag die Erde erzittern. Ganze Bündel von zuckenden Blitzen schossen über den Himmel, gefolgt vom ohrenbetäubenden Dröhnen des Gewitters. Ein greller Blitz, der eine feurige Bahn durch die Dunkelheit zog, wurde von einem berstenden Donner begleitet. Schon befürchtete jeder, daß das Lager getroffen war. Aber nur ein dürrer Baum in der Nähe stürzte krachend zu Boden.

Zitternd kauerten die Menschen eng beieinander, die Kinder weinten vor Angst, die Hunde drängten sich winselnd an ihre Herren.

»Wir müssen alle sterben«, jammerten die Frauen, und auch aus den Gesichtern der Männer sprach tiefer Schrekken.

Allein der alte Zauberer zeigte keinerlei Furcht:

»Ich werde dem Unwetter Einhalt gebieten und die Blitze von euch abwenden«, versprach er.

Unerschrocken trat er hinaus in den tobenden Regensturm, trotzte den zuckenden Blitzen und brüllenden

Donnerschlägen und stimmte den magischen Gesang an, der das Gewitter besänftigt:

>>Gurrimurrai murrai
Durrimurrai murrai murrai.<<

Bald wurde es draußen ruhiger, und der heulende Wind wich einer sanften Brise, die im Geäst der Bäume raschelte. Für einen Augenblick schien alles in einer lastenden Stille zu erstarren, dann hörten die Menschen ein dumpfes Rauschen, und die gewaltigen Wassermassen stürzten vom Himmel. Mehrere Tage lang strömte der Regen unablässig auf die durstige Erde herab und erweckte sie zu neuem Leben.

Noch während sich die dunklen Wolken zusammenzogen, war der Wirrinun zum Tempel gegangen und hatte Willgu Willgu und Gubberahs zurückgeholt, denn sie hatten ihre Aufgabe erfüllt.

Als der Regen nachließ und das Land wieder in frischem Grün erblühte, veranstalteten die Stammesleute zu Ehren des Zauberers ein großes Fest und priesen seine Kunst mit feierlichen Liedern.

Der Alte jedoch gab wenig auf das Lob derer, die zuvor über ihn gemurrt hatten, und beschloß, den Zweiflern einen noch größeren Beweis seiner Macht zu liefern. Heimlich besprach er sich mit dem benachbarten Wirrinun und führte dann beide Stämme nach Gugurrewon, einer unfruchtbaren Steineebene. Hier gab es kein Leben mehr, und ringsumher standen unheimliche abgestorbene Bäume, die früher einmal Menschen gewesen waren.

Nachdem sich alle am Rande der Wüste versammelt hatten, riefen die zwei Zauberer starke Regenwolken herbei, die das ganze Gebiet binnen kurzer Zeit in einen großen See verwandelten.

>>Nun holt eure Netze, und geht fischen<<, befahl der erste Wirrinun den jungen Männern.

»Was verlangst du von uns«, spotteten diese. »Noch nie sind die Fische im Regenwasser vom Himmel gefallen.«

»Tut, was ich sage«, antwortete er. »Wenn ihr nichts fangt, so will ich nicht länger euer Zauberer sein und Honig und Jamswurzeln suchen gehen wie die Frauen.«

Mißmutig machten sich die Männer an die Arbeit, aber wie groß war das Erstaunen, als sie die prallen Netze mit zappelnden Fischen an Land zogen. So reichlich fiel der Fang aus, daß alle Menschen und selbst die Hunde für viele Tage satt wurden.

Am Abend trat die Versammlung der Alten zusammen und beschloß, eine feierliche Bohra abzuhalten, die heilige Zeremonie, bei der die Knaben zu jungen Männern geweiht werden. Nun, da genügend Nahrung zur Verfügung stand, hielt man den richtigen Zeitpunkt für gekommen, und sorgfältig vor den Augen der Frauen verborgen, richteten erfahrene Männer auf einem nahegelegenen Hügel den Festplatz ein.

Und so fand am Gugurrewonsee die große Bohra statt, die durch den Triumph des mächtigen Wirrinun noch größere Berühmtheit erlangte.

Warum die Frauen keine Bärte haben

❀❀❀❀❀❀❀❀❀❀

Vor langer Zeit war Pupilla, der gefleckte Beutelmarder, ein großer Jäger und lebte in einem versteckten Erdloch am Flußufer.

Eines Tages kamen fremde Menschen herbei, um auf Fischfang zu gehen, und schlugen ihr Nachtlager in der Nähe der Marderhöhle auf. Pupilla, der am nächsten Morgen wie gewohnt durch den dämmrigen Busch streifte, fand die geknüpften Fischernetze unbewacht am Ufer liegen. Ohne zu zögern, raffte er die Netze zusammen und verbarg sie tief unten in seinem Bau. Dann ließ er sich zufrieden am Eingang nieder und wartete ab.

Die Fremden, über den Verlust in große Bestürzung geraten, nahmen sogleich die Fährte des Diebes auf. Als sie die Höhle des gefleckten Räubers erreichten, sahen sie eines seiner zottigen Beine aus der Erde hervorragen. Vorsichtig schlichen die stärksten Männer näher heran, packten die klauenbewehrte Pfote und versuchten, den Marder unter Aufbietung aller Kräfte aus dem Loch zu zerren. Hin und her wogte der Kampf, bis es dem geschmeidigen Pupilla schließlich gelang, den harten Griffen der Jäger zu entkommen.

Fauchend brachte er sich in der Tiefe des Baus in Sicherheit und starrte nach oben in die wutverzerrten Gesichter der Männer und Frauen, die ihre Speere und Bumerangs nach ihm warfen. Der schlaue Marder würgte jedoch dicke Rauchwolken aus seinem weit aufgerissenen Maul hervor, die ihn unsichtbar machten und vor den tödlichen Waffen der Feinde schützten.

Dieser farbige Rauch aber stieg zum Himmel auf, wo er seither den prächtigen Regenbogen bildet.

Die beißenden Schwaden zwangen die Fremden, die Verfolgung aufzugeben, und niedergeschlagen kehrten sie ins Lager zurück. Sobald jedoch die Rauchwolken verzogen waren, ergriffen sie ihre Waffen und stürzten von neuem herbei.

Ein zweites Mal sah Pupilla die Köpfe der Feinde über den Rand der Höhle ragen. Alle hatten sie haarige, struppige Gesichter, denn in der alten Zeit wuchsen selbst den Frauen dicke Bärte. Wieder prasselten die Speere und Wurfkeulen herab. Da stieß der grimmige Marder glühende Feuerzungen aus seinem Rachen, die wie Blitze nach oben schossen.

Die Männer hatten die auflodernden Flammen rechtzeitig bemerkt und sprangen im letzten Augenblick zurück. Die Frauen hingegen waren von dieser Tat Pupillas so beeindruckt, daß sie sich nicht schnell genug abwandten. Da wurden ihre Bärte auch schon von den feurigen Strahlen erfaßt und bis auf die Haut abgesengt, so daß die Haare nie mehr nachwachsen konnten. Deshalb tragen die Frauen auch bis zum heutigen Tage keine Bärte mehr.

Als die entsetzten Männer sahen, wie ihre Frauen und Töchter verunstaltet waren, schworen sie Pupilla blutige Rache und führten einen langen erbitterten Kampf gegen ihn. Zuletzt wußte der Marder sich nur noch dadurch zu retten, daß er weit nach Westen floh, immer der untergehenden Sonne entgegen.

Dort in der Fremde schlug er sein einsames Lager auf und lebte kärglich von Fladen aus gemahlenen Grassamen. Nach einiger Zeit beschloß Pupilla, in seine angestammten Jagdgründe zurückzukehren, um die Feinde zu bestrafen, die ihn vertrieben hatten.

So trat er eines Morgens den weiten Heimweg an, auf dem

Rücken die Mahlsteine zum Zerreiben der harten Samen-körner. Den ganzen Tag über marschierte Pupilla in der glühenden Hitze, bis er am Abend bestürzt feststellen mußte, daß er genau an seinen Ausgangspunkt zurück-gekommen war. In aller Frühe unternahm der Marder einen zweiten Versuch, nur um sich bei Einbruch der Dämmerung erneut müde und erschöpft am gleichen Ort wiederzufinden.

So geht es nun schon, seit die Geschichte von den Fischern und dem Beutelmarder erzählt wird. Jeden Morgen bricht Pupilla in seine heimischen Jagdgründe auf, aber die unter-gehende Sonne trifft ihn stets an derselben Stelle.

Warum die Männer nicht ohne Frauen leben sollen

❊❊❊❊❊❊❊❊❊❊

Einstmals beschlossen die Frösche, ihre Frauen zu verlassen. Sie zogen davon und ließen sich am Flußufer nieder.

Des Abends am Lagerfeuer ertönte plötzlich eine seltsame Stimme: »Gebt mir was zu essen.« Alle blickten sich erschrocken um, doch niemand war zu sehen. »Gebt mir etwas zu essen«, fuhr die unsichtbare Stimme fort. »Ich komme von weit her und bin sehr hungrig.« Keiner wagte zu widersprechen und hielt ein Stück Fisch in die Richtung, wo er den vermeintlichen Sprecher vermutete. Dann mußten die Frösche mitansehen, wie sich der Fisch von Geisterhand durch die Luft bewegte und auf unerklärliche Weise vor ihren Augen verschwand. »Wer bist du?« getraute sich schließlich einer zu fragen.

»Ihr werdet mich morgen über die große Ebene kommen sehen«, erhielt er zur Antwort. »Aber nun laßt mich schlafen, ich bin müde.« Alsbald war ein lautes Schnarchen zu hören.

Am nächsten Morgen kletterten die Frösche auf einen umgestürzten Baum, der im Wasser lag. Von hier aus konnten sie die ganze Umgegend besser überblicken.

Gegen Mittag kam über der Ebene nördlich des Flusses ein Wind auf. Wie die erste Bö heranzog, ließ sich die rätselhafte Stimme wieder vernehmen. »Hier bin ich. Ihr seht, ich habe mein Wort gehalten.«

Die Frösche aber waren darüber solchermaßen entsetzt, daß sie vor Angst kopfüber ins Wasser sprangen. Sie wagten es nicht mehr aufzutauchen, bis die ganze Erscheinung vorüber war.

Wenn die alten Männer diese Geschichte erzählen, dann pflegen sie zu sagen: Seht nur, wie es den Fröschen erging, die ohne ihre Frauen leben wollten. Der kleinste Windstoß hat sie kopflos gemacht. Daher ist es besser, wenn dem Mann eine Frau zur Seite steht, die ihm Mut und Zuversicht gibt.

Gwaibillah der Abendstern

❀❀❀❀❀❀❀❀❀

In der Traumzeit, als noch kein Unterschied zwischen Menschen und Tieren bestand, war Goonur, die Känguruhrratte, eine weise, alte Zauberin, die mit ihrem Sohn Millair und seinen zwei jungen Frauen zusammenlebte. Sie hießen Guddah, die rote Eidechse, und Beereeun, die kleine Stachelechse.

Eines Tages hatte Millair, der ein böser, grausamer Mann war, seine Frauen in einem Wutanfall wieder einmal so heftig verprügelt, daß sich die beiden weinend im Busch verkrochen. Dort aber beschlossen sie, den verhaßten Peiniger zu töten.

Nach langer Beratung faßten Guddah und Beereeun schließlich einen schlauen Plan. Am Ufer des nahegelegenen Flusses gruben sie ein tiefes Loch in den Sand, füllten es mit Wasser und breiteten Zweige, Gras und Blätter darüber.

»Jetzt werden wir unserem Ehemann erzählen, daß wir den dicken Beuteldachs in seiner Erdhöhle aufgespürt haben«, sagte Guddah. Sie liefen ins Lager zurück und berichteten Millair, daß sie ein ganzes Nest voller fetter Dachse entdeckt hätten, eine leichte, wohlschmeckende Beute für ihn, den erfahrenen Jäger.

Begierig machte sich Millair sofort zum Flußufer auf. Vorsichtig pirschte er sich ganz nah an die Erdhöhle heran und sprang mit einem gewaltigen Satz mitten auf das Blätterdach. Erst als die dünnen Zweige unter seinem Gewicht zerbrachen und er im tiefen Wasserloch versank, merkte er, welch üblen Streich ihm seine Frauen gespielt hatten.

47

Da aber war es schon zu spät, und der verzweifelt strampelnde Millair ertrank.

Beereeun und Guddah beobachteten das ganze Geschehen aus sicherer Entfernung. Nach einer Weile, als sich am Flußufer nichts mehr rührte und sie die Gewißheit hatten, ihren verhaßten Ehemann nun endgültig los zu sein, kehrten die beiden Frauen erleichtert ins Lager zurück.

Goonur, die Mutter, begann ihren Sohn schon bald zu vermissen, konnte aber von Beereeun und Guddah nichts über seinen Verbleib in Erfahrung bringen. Als er nach einigen Tagen immer noch nicht aufgetaucht war, machte sich die Alte selbst auf die Suche. Sie verfolgte die Spur Millairs bis zu jener verhängnisvollen Erdhöhle. Hier verloren sich die Fußabdrücke im Sand, und nirgendwo entdeckte Goonur ein Anzeichen dafür, daß ihr Sohn diese Stelle wieder verlassen hatte.

Mit ihrem Grabstock stocherte sie in dem dunklen Loch herum und spürte bald einen schweren Gegenstand im Wasser. Goonur nahm das scharfe Steinmesser aus dem Gürtel und schnitt sich einen gegabelten Stock zurecht. Damit versuchte sie nun, den Körper hochzuheben und aus dem Loch zu ziehen, denn eine innere Stimme sagte ihr, daß sie ihren toten Sohn gefunden hatte. Aber so sehr Goonur sich auch bemühte, immer wieder zerbrachen die Stöcke. Die Alte nahm schließlich eine starke Astgabel aus dem harten Holz des Akazienbaumes zu Hilfe, und damit zerrte sie ihn ans Tageslicht. Als der Tote zu ihren Füßen lag, erkannte sie, daß sich die düsteren Vorahnungen bestätigt hatten. Ohne zu zögern, schleppte Goonur den reglosen Millair zu einem Ameisenhaufen, wo sie gespannt darauf wartete, ob ihn die Stiche dieser Insekten wieder zum Leben erwecken würden. Ihre bange Hoffnung wurde belohnt. Unter heftigen Zuckungen erwachte er aus dem Todesschlaf und berichtete der Mutter von der verbrecherischen Tat seiner Frauen.

Die alte Goonur zitterte vor Empörung: »Niemals mehr sollen diese Treulosen dich zum Ehemann haben«, rief sie erzürnt, »denn von nun an wirst du verborgen in meiner Rindenhütte wohnen. Wenn wir uns dem Lager nähern, dann kriechst du in meinen großen Wassersack aus Känguruhhaut, und ich bringe dich in dein Versteck. Willst du auf die Jagd gehen, so trage ich dich im gleichen Sack wieder in den Busch, und du kannst herauskommen und jagen, wie es alle Männer tun.«

Auf diese Weise wußte die schlaue Zauberin die Rückkehr ihres Sohnes eine ganze Zeit lang geheimzuhalten. Denn wie hätten Beereeun und Guddah auch ahnen sollen, daß ihr verhaßter Ehemann wieder am Leben war und sich in der Hütte seiner Mutter versteckt hielt. Als jedoch Goonur in der Folgezeit von der Nahrungssuche im Busch immer mit reicher Jagdbeute beladen zurückkehrte, begannen sie argwöhnisch zu werden. Niemals konnte eine alte Frau so viel Jagdglück haben, also mußte fremde Hilfe im Spiel sein.

»Sie verläßt immer allein das Lager«, sagte Beereeun. »Goonur ist alt und schafft trotzdem mehr Nahrung heran als wir beide zusammen. Heute hat sie Beutelratten, Ameisenigel, Jamswurzeln, Honig und vieles andere mitgebracht. Sieh nur, wie wenig wir haben, obwohl wir doch den ganzen Tag durch den Busch gelaufen sind. Wir müssen sie genau beobachten.«

Als die Zauberin wieder einmal mit dem großen Sack auf den Schultern das Lager verließ, blieben ihr die zwei jungen Frauen dicht auf den Fersen.

»Sieh nur, wie langsam und schwankend sie geht«, flüsterte Beereeun der Freundin zu. »Goonur könnte niemals auf einen Baum klettern und eine flinke Beutelratte fangen.«

Vorsichtig schlichen sie hinter der Alten her und sahen, wie Goonur in einiger Entfernung von den Hütten den schweren Wassersack absetzte. Heraus aber kroch zu ihrer Bestürzung der totgeglaubte Ehemann.

»Das also war ihr Geheimnis«, sagte Guddah leise. »Sie muß ihn gefunden haben, und da sie eine große Zauberin ist, konnte sie ihn wieder zum Leben erwecken. Laß uns hier warten, bis die Alte verschwindet, und dann gleich zu Millair gehen. Wir werden ganz neugierig fragen, wo er so lange gewesen ist, und große Freude über seine glückliche Rückkehr zeigen. Denn sonst wird er uns im Rachedurst gewiß auf der Stelle erschlagen.«

Sobald Goonur außer Sicht war, krochen die beiden aus ihrem Versteck und riefen:

»Oh, Millair, geliebter Mann, wo warst du die ganze Zeit, die wir, deine Frauen, in tiefer Trauer verbracht haben. Lang sind uns die Tage und Nächte geworden, seit du nicht mehr in unsere Hütte kommst.«

Geschickt verbarg der Geschmeichelte seinen Grimm und tat, als ob er den Beteuerungen Glauben schenkte. Eifrig versicherten sie ihm, daß sie nicht ahnen konnten, daß die Beuteldachshöhle eine tödliche Falle war, in der er ohne die Hilfe der Mutter ein sicheres Grab gefunden hätte. Danach gingen alle drei gemeinsam auf die Jagd und kehrten mit reicher Beute ins Lager zurück.

Die alte Zauberin rief ihrem Sohn schon von weitem entgegen:

»Wirst du auch ein zweites Mal der List deiner Frauen erliegen? Habe ich dich gerettet, nur damit sie dich irgendwann doch noch töten? Verschone Beereeun und Guddah, wenn es dein Wille ist, mein Sohn, aber verstoße die Treulosen aus deiner Gemeinschaft. Sie haben versucht, dich ins Verderben zu locken. Von nun an gehörst du nur noch zu mir, denn war nicht ich es, die dir das Leben wiedergab?«

»Gewiß, Mutter«, antwortete Millair. »Dir allein verdanke ich mein Leben, und Guddah und Beereeun sind glücklich über deine Tat. Auch sie wurden von der tückischen Erdhöhle getäuscht, die das Werk eines unbekannten Feindes sein muß. Sieh nur, spricht nicht die Liebe aus ihren Augen, und sind nicht die zärtlichen Worte aus dem Mund meiner Frauen Beweis genug für ihre Aufrichtigkeit? Laß es gut sein, Mutter. Alles wird wieder so wie früher, und wir werden in Frieden miteinander leben.« Durch solche Reden gelang es dem schlauen Millair, die jungen Frauen zu täuschen und sie im festen Glauben zu lassen, daß er ihnen wieder sein volles Vertrauen schenkte. In Wahrheit jedoch hatte er von Anfang an grausame Rache geschworen, und schon nach wenigen Tagen stand sein Plan fest.

Mit dem scharfen Steinmesser schnitt Millair zwei starke Äste zurecht und härtete die gezähnten Spitzen in der Glut des Lagerfeuers. Diese rammte er dann mit der Spitze nach oben fest in den steinigen Fußboden, so daß sie vom Ufer aus nicht zu sehen waren. Genau gegenüber legte er zwei dicke Baumstämme an den Rand der Uferböschung und kehrte voller Genugtuung ins Lager zurück. Dort lud er seine Frauen freundlich zu einem Bad ein.

»Seht hier die beiden Stämme«, sagte Millair, als sie am Fluß ankamen. »Jede von euch nimmt einen zum Absprung, und wir werden sehen, wer am weitesten taucht. Ich gehe zuerst ins Wasser, damit ich alles genau beobachten kann.«

Vorsichtig watete Millair ein Stück in den Fluß hinein, sorgfältig darauf bedacht, die scharfen Spitzen der Stöcke zu meiden.

»Jetzt könnt ihr springen«, rief er, »hier ist es tief genug.« Die zwei arglosen Frauen nahmen Anlauf und stießen sich von den Baumstämmen ab.

Millair hatte die Entfernung richtig berechnet. Guddah und Beereeun landeten genau auf den spitzen Zweigen, die ihre Körper durchbohrten und sie unter Wasser festhielten. Verzweifelt versuchten sie, sich zu befreien. Bald aber hörte ihr heftiges Strampeln und Zappeln auf, und beide waren ertrunken.

»Nun bin ich gerächt, und niemals mehr werden mich meine Frauen in eine Falle locken«, murmelte Millair grimmig und machte sich auf den Weg ins Lager zurück.

Seiner Mutter, die sich nach Beereeun und Guddah erkundigte, antwortete er nur: »Sie sind Honig suchen gegangen.«

Tag um Tag verstrich, aber die Verschwundenen tauchten nicht wieder auf. Da begann die alte Zauberin Verdacht zu schöpfen, denn sie vermutete, daß Millair etwas vor ihr zu verbergen suchte. Sie fragte jedoch nicht weiter nach, sondern wartete geduldig eine günstige Gelegenheit ab. Als der Sohn wieder einmal allein auf die Jagd ging, war der richtige Zeitpunkt gekommen.

Goonur verfolgte die Spur der Frauen bis zum Ufer, wo sich die Fußabdrücke zwischen den Steinen verloren. Nichts deutete darauf hin, daß Guddah und Beereeun diese Stelle wieder verlassen hatten, und so watete Goonur ein Stück in den Fluß hinein. Sie stocherte mit dem Grabstock im Wasser herum und entdeckte auch bald die leblosen Körper, die immer noch aufgespießt auf den Stöcken hingen. Unter großen Anstrengungen gelang es ihr, sie ans Ufer zu ziehen. Die alte Zauberin beschloß, die Toten wieder zum Leben zu erwecken, denn sie war erzürnt über Millair, der nicht nur seine Frauen arglistig getäuscht, sondern auch sie selbst hinters Licht geführt hatte. Goonur rieb die starren Körper mit ihrer Medizin ein und pflegte die von den Stöcken gerissenen Wunden. Dann schleppte sie Guddah und Beereeun zu einem Ameisenhaufen und beobachtete gespannt, wie die Insekten über sie herfielen und sie gierig bissen. Es dauerte nicht lange. Unter heftigen Zuckungen begannen die Leiber sich zu regen und waren bald wieder lebendig geworden.

Nachdem sich die beiden etwas erholt hatten, brachte Goonur sie ins Lager zurück und sagte zu Millair:

»Dich habe ich durch meine Zauberkraft aus dem Totenreich zurückgeholt, und auch deine Frauen verdanken mir das Leben. Nun gehört ihr alle zu mir, und ich verlange, daß ihr in Frieden miteinander lebt. Versucht nie wieder, mich zu täuschen, sonst werde ich meine Kunst kein zweites Mal für euch verwenden.«

Von diesem Tag an herrschte Frieden und Eintracht im Lager. Als die alte Goonur nach langer Zeit starb, leuchtete am nächtlichen Himmel eine strahlende Sternschnuppe auf, begleitet von einem lauten, weithin vernehmbaren Donnerschlag.

»Ein großer Zauberer muß gestorben sein«, flüsterten die alten Männer der umliegenden Stämme, »denn dies ist das Zeichen.«

Guddah und Beereeun aber wurden nach ihrem Tode zum Himmel emporgehoben, wo sie seither als Gwaibillah, der Abendstern, am Firmament stehen. Der rötliche Glanz dieses Gestirns rührt von den Wundmalen her, die die zwei Frauen von den spitzen Stöcken davontrugen und die nie wieder verschwanden.

Bulpallungo

❁❁❁❁❁❁❁❁❁❁

Wantapari vom Stamme der Wonboona hatte sich eine
hübsche junge Frau genommen. Das gemeinsame Glück
währte jedoch nur kurze Zeit, da er bald darauf verstarb
und die Gefährtin als Witwe zurückließ. Zum Zeichen ihres Trauerstandes trug Alkanbaka eine Kopfhaube aus
weißem Lehm, während sie das Gesicht unter einer Ton-
maske verborgen hielt.

Eines Abends saß Alkanbaka neben ihren beiden verheirateten Schwestern am Ufer des Flusses, der unweit vom Lager durch die tiefeingeschnittene Talsenke strömte. Den
ganzen Nachmittag über hatten sie Kräuter gesucht, nun
waren die Taschen voll, und die drei kauerten fröhlich
schwatzend beieinander.

Plötzlich stieß die junge Witwe einen spitzen Schrei aus
und deutete in das klare Wasser. Auf der schwankenden
Oberfläche erkannten die erschrockenen Frauen das Bildnis des verstorbenen Ehemannes, nur schien die Gestalt
noch größer und kräftiger als zu Lebzeiten. So täuschend
ähnlich war die Erscheinung, daß ein unstillbares Verlangen das Herz Alkanbakas erfüllte. Mit ausgebreiteten Armen stürzte sie in den Fluß, dem ersehnten Geliebten entgegen, doch unter ihren Händen verflüchtigte sich das
seltsame Trugbild. Weinend kroch sie ans Ufer zurück,
dann traten die Geschwister tief beunruhigt den Heimweg
an.

Noch viele Male besuchten die Schwestern den Ort des
geheimnisvollen Geschehens, das Abbild Wantaparis aber
wollte sich nie wieder zeigen. Inzwischen kam der Früh-

ling ins Land, und Alkanbaka bemerkte, daß sie ein Kind erwartete.

»Wie soll es nur ohne den Schutz des Vaters heranwachsen«, sagte sie voller Besorgnis zu ihrem Takutja, dem Bruder der verstorbenen Mutter.

»Ängstige dich nicht, meine Tochter«, antwortete der weißhaarige Onkel, dem das Gesetz des Stammes die Aufsicht über seine Enkel anvertraute. »Die Känguruhs richten im dichten Gebüsch wohlgeschützte Plätze her, die Vögel haben Nester gebaut und brüten fleißig die Eier aus. Hör nur das muntere Gezwitscher der Elstern, das Zirpen der Fächerschwänze und den wohltönenden Gesang des Zaunkönigs. Sie alle sehen ihren Nachkommen mit Freude entgegen. So wollen auch wir, die Verwandten, für dich eine Hütte bauen, wo du dein Kind gebären sollst.«

Wenige Tage später zog Alkanbaka, begleitet von den zwei Schwestern, die ihr bei der Geburt zur Seite stehen würden, in die neue Behausung ein. Dort schenkte sie bald darauf einem Knaben das Leben. Stolz zeigte die strahlende Mutter ihren Sohn, denn niemals zuvor hatte man einen größeren, kräftigeren Säugling gesehen.

Der Knabe, der den Namen Bulpallungo erhielt, verbrachte eine glückliche Kindheit. Sein liebster Spielplatz war das nahegelegene Flußtal. Hier spürte er den jungen Känguruhs und Dingos nach, beobachtete die nistenden Vögel oder badete in dem klaren Wasser.

Bis eines Tages der freundliche Takutja vorsprach: »Meine Tochter«, begann er mit ernster Miene, »die Zeit ist gekommen, da die Alten des Stammes deinen Sohn in ihre Obhut nehmen, um ihn auf seine Prüfungen vorzubereiten.«

»Ach Onkel«, seufzte die Mutter. »Du willst mir die einzige Freude meines Lebens fortnehmen.«

»Das Gesetz schreibt es so vor«, erwiderte der Greis.

»Laß mir Bulpallungo noch eine Nacht, danach soll er euch gehören.«

Ihr Wunsch wurde gewährt. Alkanbaka verabscheute die grausamen Zeremonien, denen sich die Jünglinge beim Übertritt in den Mannesstand unterziehen müssen. Die Beschneidung, das Ausschlagen der Zähne, die Spaltung der Harnröhre – all diese Qualen wollte sie dem geliebten Kind ersparen. Auch Bulpallungo war gerne bereit, die schmerzhafte Erfahrung zu vermeiden. Er befolgte daher den Rat seiner Mutter und floh im Schutze der Dunkelheit zu einem benachbarten Stamm.

Dort gefiel der stattliche Ankömmling, der die stärksten Krieger um mehr als Haupteslänge überragte, einem angesehenen Alten so gut, daß er ihn an Sohnesstelle annahm.

Begünstigt von seinem Wohltäter, genoß Bulpallungo die größten Freiheiten. Gegen alle guten Sitten saß er mit den jungverheirateten Männern zusammen und hörte viele Dinge, die nicht für seine Ohren bestimmt waren. Als er dann auch noch die Bekanntschaft einer verheirateten Frau machte, führte der erzürnte Ehegatte bittere Klage gegen ihn. Daraufhin entschied der Ältestenrat, den Unbotmäßigen härtesten Prüfungen zu unterwerfen, doch sein Gönner wußte diese Maßregelung immer wieder zu verhindern.

Der strenge Beschluß wurde der Mutter hinterbracht, die in große Besorgnis geriet. Heimlich stahl sie sich fort in das benachbarte Tal.

»O ihr Geister des Flusses«, rief sie beschwörend. »Ihr habt mir das Bildnis des teuren Wantapari gezeigt. Nun gebt mir auch Auskunft über das Schicksal meines geliebten Sohnes.«

Kaum waren die letzten Worte verklungen, schon schimmerte durch das sanfte Gekräusel der Wellen die hohe Gestalt Bulpallungos, strahlend vor Jugend und Lebenskraft. Wohlgefällig ruhten die Blicke Alkanbakas auf ihm, bis plötzlich eine seltsame Veränderung vor sich ging. Düstere

Schatten zogen über das Gesicht, die die ganze Erscheinung in einen dunklen Schleier hüllten. Ein heftiger Windstoß zerfurchte die glatte Wasserfläche, dann war nichts mehr zu sehen.

Gramgebeugt trat die Mutter den Heimweg an, denn dieses Vorzeichen konnte nichts Gutes bedeuten.

Unterdessen hatte sich das ungezügelte Treiben Bulpallungos nur noch verschlimmert. Hohnlachend mißachtete er die ehrwürdigen Gesetze des Stammes und stiftete durch sein verwerfliches Tun andere junge Leute dazu an, gegen die geheiligten Sitten zu verstoßen. Am Ende beschloß der Ältestenrat, den Übeltäter vor die Versammlung zu rufen, um ihn mit dem Tode zu bestrafen.

In der Nacht jedoch schlichen die Mädchen zu seiner Hütte:

»Bulpallungo, tapferer Krieger, kein Mann ist wie du«, flüsterten sie. »Wir haben die Thingairipari, die drei magischen Speere des Zauberers, gestohlen. Du weißt, daß sie jeden Gegner unfehlbar durchbohren, also benutze sie zu deiner Verteidigung.«

»Und wenn der Wirrinun den Diebstahl bemerkt?«

Ein belustigtes Kichern war zu hören:

»Sorge dich nicht. Ringsumher haben sich unsere Freundinnen mit spitzen Känguruhknochen Verletzungen beigebracht, so daß der finstere Medizinmann gewiß mehrere Tage unterwegs sein wird.«

Am nächsten Morgen war der ganze Stamm bereits vor Sonnenaufgang um einen offenen Platz versammelt.

Bulpallungo erschien, bewaffnet mit seinem bemalten Rindenschild und den drei Speeren. Zwei davon stieß er in die Erde, den letzten balancierte er abwartend in der rechten Hand. Auf der gegenüberliegenden Seite trat ein hochgewachsener Mann vor die dichtgedrängten Reihen.

Das leise Raunen der Anwesenden erstarb, eine atemlose Stille breitete sich aus.

Geduckt hinter dem breiten Schild, den spitzen Menschenspeer in der flachen Speerschleuder, näherte sich der Rächer langsam dem Verurteilten. Auf Wurfweite herangekommen, holte der Krieger plötzlich weit aus und schoß mit der kraftvollen Bewegung eines geübten Kämpfers die todbringende Waffe ab. Blitzschnell riß Bulpallungo den linken Arm hoch. Die scharfe Spitze bohrte sich tief in die harte Rinde und blieb mit zitterndem Schaft darin stecken. Was dann geschah, wußte später niemand genau zu sagen. Man hörte ein Zischen, der Thingairipari zerschmetterte den Schild des Gegners, durchschlug seinen Körper und spießte ihn auf den sandigen Boden. Der Getroffene wand sich noch einige Augenblicke in krampfhaften Zuckungen, dann war der Kampf vorbei.

Fortan wagte niemand mehr, dem mächtigen Speerwerfer entgegenzutreten. Die Ältesten jedoch beharrten auf ihrem Beschluß, denn nach diesem Sieg zeigte Bulpallungo nicht die geringste Bereitschaft zur Besserung. In aller Heimlichkeit wurde deshalb der beste Bumerangschütze der Umgebung gebeten, das Urteil zu vollstrecken.

Wiederum erhielt der Missetäter Hilfe von den Töchtern des Stammes, die den magischen Bumerang des Zauberers stahlen. Damit spaltete er seinen Widersacher in zwei Hälften, noch bevor der andere überhaupt zum Wurf ansetzen konnte.

Voller Verzweiflung griffen die weißhaarigen Männer schließlich selbst zu den Waffen. Bulpallungo aber wirbelte einen von ihnen wie eine riesige Keule durch die Luft, und seine gewaltigen Streiche trieben die Angreifer auseinander. Zuletzt wollten die verängstigten Menschen sogar in ein anderes Gebiet fliehen, da kehrte der Zauberer von der langen Reise zurück:

»Welches ist Bulpallungos schlimmste Verfehlung?« fragte er bedächtig, als alle ihre erbitterten Klagen vorbrachten.

»Er stellt den Frauen nach und stiftet Haß und Zwietracht in unserer Gemeinschaft«, war die einmütige Antwort.

Schweigend verließ der Wirrinun die erregte Runde. Den ganzen Morgen über saß er unter einem schattigen Baum, dann rief er den Rat der Alten zusammen:

»Sendet Botschafter an unsere Nachbarn im Norden, Osten und Westen«, begann er. »Sie sollen vor Neumond ihre beiden hübschesten Mädchen zum Medizinmann der Wonboona schicken. Bulpallungo aber laßt ausrichten, daß bald eine große Versammlung der Stämme stattfindet, bei der die schönsten Frauen anwesend sind.«

Die schnellsten Läufer machten sich auf den Weg. Einige Tage später trafen die befreundeten Abordnungen wie vereinbart im Lager ein. Noch in derselben Nacht versammelte der Zauberer Stammesangehörige und Gäste an einem geheimen Ort, um seinen Plan zu besprechen.

Am nächsten Morgen betrat Bulpallungo ohne Erlaubnis den Schlafplatz der sechs Mädchen. Mit Schmeicheleien und Drohungen versuchte er sogleich, eine von ihnen sich gefügig zu machen.

»Nicht doch, tapferer Krieger«, flüsterten die anderen. »Willst du unsere Beschützer gegen dich aufbringen? Laß uns lieber dort drüben in dem einsamen Tal Fasaneneier suchen gehen.«

Bulpallungo war einverstanden. Kichernd führten ihn seine Begleiterinnen zu dem nahegelegenen Flußtal, wo sie das dichte Gestrüpp durchstöberten. Die jungen Leute befanden sich in ausgelassener Stimmung. Scherzworte und Sticheleien flogen hin und her, bis schließlich alle wieder auf einer schmalen Lichtung zusammentrafen.

»Heb eine Grube aus, und leg dich hinein, Bulpallungo«, riefen die Mädchen lachend. »Wir wollen dich mit saftigen Leckerbissen füttern.«

Bulpallungo kam ihrer Aufforderung gerne nach. Behaglich räkelte er sich in der flachen Mulde, während die Mädchen dicht um ihn herum am Boden kauerten. Einige brachen braungesprenkelte Eier auf und ließen den Inhalt in seinen weitgeöffneten Mund träufeln, andere kitzelten oder kraulten ihn liebevoll.

Nach einer Weile war der solchermaßen Verwöhnte dieser Behandlung überdrüssig, denn die zärtlichen Berührungen hatten ihn nur noch begehrlicher gemacht.

»Gleich werde ich dir ganz gehören«, hörte er eine sanfte Stimme neben sich.

Im nächsten Augenblick stoben die Mädchen nach allen Seiten auseinander. Bulpallungo fuhr hoch, doch war es bereits zu spät. Hinter den Bäumen stürzten die haßerfüllten Krieger hervor und durchbohrten den Wehrlosen mit zahlreichen Speeren, bis sein Leib eher dem eines Stachelschweins als dem eines Menschen glich.

So fand Bulpallungo, der hochmütige Frevler, ein jämmerliches Ende. Die alte Mutter aber starb aus Trauer über das Schicksal ihres Sohnes an gebrochenem Herzen.

Wuwallas Rache

****

Wuwalla, die Tochter des alten Maruk, galt weit und breit als das schönste Mädchen des ganzen Stammes.

Lange, pechschwarze Haare fielen in dichten Locken über ihre nackten Schultern, und ihr Gesicht war mit leuchtendem roten Ocker bemalt. Auf dem schlanken Körper trug sie ein prächtiges Fellgewand, das von einer Knochennadel und einem Hüftgürtel aus gedrehtem Menschenhaar zusammengehalten wurde. An der rechten Schulter hing eine geflochtene Tragetasche aus Binsenkraut. Wenn Wuwalla, den glattpolierten Grabstock in der Hand, durch das Lager ging, dann verfolgten sie die begehrlichen Blicke der jungen Krieger, denn jeder wünschte, sie für sich zu gewinnen.

Die Eltern und Verwandten aber hatten Wuwalla einem fremden Mann versprochen, der von weit her kam und mit reichen Geschenken um sie warb. Als nun der Tag heranrückte, an dem das Mädchen den Bräutigam in sein fernes Lager begleiten sollte, waren die Stammesleute traurig und niedergeschlagen. Alle bedauerten den Verlust der fröhlichen Gefährtin, und niemand mochte den finsteren Gesellen, dessen Hartherzigkeit und Grausamkeit berüchtigt waren.

»Niemals wird sie mit ihm glücklich werden«, murmelte man hinter vorgehaltener Hand, aber keiner wagte, diese Bedenken offen zu äußern, denn Lambi war ein gefürchteter Krieger.

Wuwalla nahm Abschied und wohnte fortan in der einsamen Grashütte ihres Ehemannes. Schon bald jedoch be-

gannen sich die düsteren Prophezeiungen der Stammesbrüder zu erfüllen. Nagende Eifersucht ergriff Lambis
Herz. Unablässig machte er seiner Frau bittere Vorwürfe,
daß sie lieblos zu ihm sei und einen heimlichen Geliebten
hätte. Allen Beteuerungen Wuwallas zum Trotz behauptete er schließlich auch, den Unbekannten in der
Nähe gesehen zu haben, und schlug die Wehrlose, bis sie
wimmernd am Boden lag.

Wuwallas einzige Zuflucht war Gwaiandoo, die jüngere
Schwester, die ihr ins Lager Lambis gefolgt war. Mit dieser
treuen Gefährtin teilte sie ihren Kummer. Aber als die
Mißhandlungen des mißtrauischen Ehemannes immer un-
erträglicher wurden, beschlossen die beiden zu fliehen
und zu den Eltern zurückzukehren.

Lange mußten sie auf die günstige Gelegenheit warten. Als
Lambi eines Tages Besuch von vorbeiziehenden Verwandten erhielt, befahl er den Frauen, Jamswurzeln zu suchen,
und machte sich selbst auf die Oppossumjagd, um ein
Festmahl für seine Gäste zu bereiten. Wuwalla und
Gwaiandoo packten ihre Grabstöcke. Doch kaum außer
Sichtweite, begannen sie, in Richtung ihrer Heimat zu laufen. Als die Erschöpften eine kurze Ruhepause einlegen
wollten, kletterten sie auf einen dicken Baum, dessen obe-
rer Stamm hohl war. Doch ehe sie Zeit fanden, sich zu
verbergen, waren die Verfolger schon da.

»Kommt sofort herunter«, schrie Lambi und schwang
drohend den langen Speer.

Die beiden Frauen wußten nur zu gut, was sie erwartete.
Da zündeten die Männer um den Baum herum ein großes
Feuer an, und dichte Rauchwolken stiegen empor. Schnell
krochen Wuwalla und Gwaiandoo in das große Astloch,
wo ihnen Hitze und beißender Qualm nichts anhaben
konnten, und zitterten vor Angst. Nach kurzer Beratung
hatten die Verfolger einen neuen Plan gefaßt. Der Anführer schickte sich an, den Baum zu besteigen, um die Wider-

spenstigen einfach herunterzuwerfen. Als Wuwalla ihn kommen sah, murmelte sie starke Zaubersprüche und rief mit lauter Stimme:

»Brecht, ihr Zweige, brecht, sobald ein Mann Hand an euch legt.«

Kaum war das letzte Wort verklungen, da brachen die Äste unter den Füßen des Kletterers. Er stürzte ab und verbrannte in den lodernen Flammen, die er selbst mit angezündet hatte. Nacheinader versuchten die Männer ihr Glück, aber jeden ereilte das gleiche Schicksal, bis zuletzt nur noch der grimmige Lambi blieb. Geschickt verbarg er seinen mörderischen Haß und versuchte, die Schwestern mit schmeichelnden Worten zum Herabsteigen zu bewegen.

»Nie wieder will ich deine Frau sein«, rief Wuwalla. »Du hast mich geschlagen und mißhandelt, deshalb kehre ich jetzt zu meinen Eltern zurück.«

Doch so schnell gab Lambi nicht auf. Reglos kauerte er auf dem sandigen Boden, starrte mit leeren Augen nach oben und wartete ab. Gegen Abend, als die beiden Frauen vor Hunger und Durst schon ganz erschöpft waren, griff Gwaiandoo zu einer List:

»Wenn du uns dort drüben neben den Büschen das Nachtlager herrichtest, kommen wir hinunter«, rief sie.

Wortlos stand Lambi auf und begann Rindenstücke zum Bau einer Hütte zu sammeln, ohne jedoch den Baum dabei aus den Augen zu lassen. Nach einer Weile beobachtete er, wie Wuwalla halb aus dem engen Astloch kroch, konnte aber aus der Entfernung nicht hören, wie das Mädchen den Beistand des hilfreichen Baumes ein zweites Mal erflehte.

»Nehmt meine Gestalt an, ihr Zweige«, flüsterte sie und murmelte geheimnisvolle Beschwörungen. »Bemalt die Wangen mit rotem Ocker, und werft die prächtige Felldecke über, um den bösen Verfolger zu täuschen.«

Wieder taten die mächtigen Zauberworte ihre Wirkung. Die Schwestern glitten im Schutz des dicken Stammes rasch zur Erde hinab und eilten davon.

Inzwischen war das Nachtlager bereit, und Lambi kam zurück. Als Wuwalla aber immer noch in ihrem Versteck lag, geriet er in höchste Wut, stampfte mit den Füßen und stieß wilde Drohungen aus. Aber nichts rührte sich. Argwöhnisch geworden, überwand er seine Furcht, kletterte vorsichtig den Baum hoch und starrte fassungslos auf den knorrigen Ast, der ihm das Trugbild des Mädchens vorgegaukelt hatte. Voller Haß über die erlittene Schmach nahm Lambi die Spur der Frauen auf. Finstere Rachegedanken ließen ihn nicht ruhen, bis er kurz nach den beiden das elterliche Lager erreichte.

Von weitem schon hörte man die Willkommensrufe der Stammesleute, und schluchzend lagen die Schwestern in den Armen ihrer Eltern. Sogleich trat der überlistete Ehemann vor, forderte gebieterisch seine Frau zurück und war selbst überrascht, als diese sich auch bereit erklärte, ihm zu folgen:

»Ich gehe mit dir«, versprach sie, »aber nur, wenn ich bis morgen bei meiner Familie bleiben darf.«

Diesen Wunsch abzuschlagen wäre gegen alle guten Sitten gewesen, und so ließ Lambi Wuwalla die ganze Nacht über nicht aus den Augen. Dennoch konnte er nicht verhindern, daß Gwaiandoo den Angehörigen ausführlich von den erlittenen Grausamkeiten berichtete.

Als Lambi bei Sonnenaufgang die Zweighütte verließ, warteten Wuwallas Brüder schon auf ihn, um die Schmach ihrer Schwester zu vergelten. Unter Schmähreden und höhnischem Gelächter griff er zu den Waffen, und der Kampf begann. Speere, Keulen und Bumerangs zischten durch die Luft, aber immer wieder gelang es Lambi, die heranfliegenden Geschosse durch blitzschnelle Drehungen des Schildes beiseite zu schlagen. Schon waren zwei junge Krieger tödlich verwundet zusammengebrochen, da ließen auch seine Kräfte nach, denn aus zahlreichen Wunden floß das Blut in den Sand. Seine Bewegungen wurden langsamer, und schließlich traf ihn eines der gekrümmten Wurfhölzer am Kopf. Halb benommen schwankte er hin und her, als plötzlich Wuwalla auf den Kampfplatz stürzte:

»Jetzt sollst du mir büßen«, rief sie und riß ihrem ältesten Bruder den langen Speer aus der Hand. Mit einem Satz sprang sie nach vorn und stieß ihn dem taumelnden Lambi ins Herz. Sterbend sank er zu Boden, und so hatte sich die tapfere Wuwalla für die erlittene Schande gerächt.

Harrimiah und Perindi

❀❀❀❀❀❀❀❀❀❀

Harrimiah und Perindi vom Stamme der Buntwarane waren einst Zwillingsbrüder und unzertrennliche Freunde. Keiner tat einen Schritt ohne den anderen, und auf der Jagd wie im Kampf galten sie beide als unübertrefflich.

Eines Tages kamen die Vögel, Landtiere und Reptilien zu einem großen Fest zusammen. Die jungen Männer wollten sich ihre Frauen aussuchen, gleichzeitig sollte ein friedlicher Wettstreit entscheiden, wer die schönste Bemalung trug und beim Tanz der beste war. Neben Beuteldachs, Fächerschwanz und Kragenechse nahmen auch Harrimiah und Perindi daran teil.

Harrimiah bemalte seinen Bruder mit Linien, Streifen und Kreisen in den schönsten Farben, daß es eine Augenweide war. Wie nun die Reihe an Perindi kam, rieb er Harrimiah zuerst mit zerstoßener Holzkohle ein und trug dann das Muster auf. Dies aber ließ die Farben stumpf und verwaschen erscheinen.

Die beiden betraten den Festplatz. Perindi erntete bewundernde Zurufe von allen Seiten, bei Harrimiahs Anblick hingegen begannen die Mädchen zu kichern. Zuerst konnte er sich den Grund dafür nicht erklären. Als er jedoch wenig später am Wasserloch seinen Durst stillen wollte, zeigte ihm sein Spiegelbild, wie man ihm übel mitgespielt hatte. Voller Zorn stellte er seinen Bruder zur Rede: »Warum sollte ich dich schön bemalen«, entgegnete Perindi schroff, »wo ich doch der bessere von uns beiden bin.«

Harrimiah forderte den Missetäter auf der Stelle zum

Zweikampf, doch die alten Männer entschieden, die Sache bis nach dem Fest zu verschieben.

Die Feierlichkeiten gingen weiter. Harrimiah und Perindi führten mit großer Meisterschaft den Känguruh-, den Fächerschwanz- und den Froschtanz auf. Dafür bekamen sie stürmischen Beifall. Inzwischen war auch die hinterhältige Tat Perindis ruchbar geworden. Die Stammesleute beschlossen, ihm eine Lehre zu erteilen, und erklärten Harrimiah zum Sieger. Anschließend nahm dieser die Tochter des Blauzungenskinks zur Frau, während Perindi ein Kragenechsenmädchen heiratete. So wurde eine zweifache Hochzeit gefeiert.

Perindi aber konnte seine Niederlage nicht verwinden. In einem unbeobachteten Augenblick sprang er den arglosen Bruder von hinten an. Er packte ihn am Hals und riß ihm den Kopf mit solcher Gewalt zurück, daß ihm die Haut in Fetzen vom Fleisch ging. Harrimiah wehrte sich erbittert, doch es brauchte die vereinten Kräfte der Männer, den tobenden Perindi zu bändigen.

Harrimiah wusch seine blutenden Wunden aus, die Frauen streuten Holzasche darauf, damit sie besser verheilten. Doch anstelle von Rachegedanken war sein Herz von großer Trauer erfüllt. Von Trauer über den Verlust eines Freundes, mit dem er sein ganzes Leben geteilt hatte. So heftig war sein Schmerz, daß er ihn nicht länger ertragen wollte. In der Nacht, als alle schliefen, schlich er sich aus dem Lager. Er kletterte einen Sandhügel hinauf und begann, sich immer tiefer einzugraben, bis eine dicke, kühle Sandschicht seinem Leiden ein Ende setzte.

Am Morgen machten sich Harrimiahs Frau und ihre Mutter auf die Suche nach dem Verschwundenen. Sie verfolgten seine Spur bis zu dem Sandhügel. Dort trafen sie auf eine schwarze Krähe, die zu ihnen sprach: »Harrimiahs Herz ist gebrochen. Ihr dürft seinen Schlaf nicht stören.«

Die beiden Frauen beschlossen, über den Toten Wache zu halten. Ihre Geister gingen ein in den Akazienbaum und den Wildapfelbaum, wo sie seither seine Rückkehr erwarten.

Jedes Jahr aber, wenn diese Bäume in leuchtender Blüte stehen, dann weiß man, daß Harrimiah aus der Erde hervorgekommen ist, um die Freuden des Lebens zu genießen.

Die Stelle, wo der heimtückische Perindi seinem Bruder die Haut abriß, kann man auch heute noch sehen. Es ist das breite schwarze Querband, das sich um den Hals des Buntwarans zieht.

Das Trugbild

❀❀❀❀❀❀❀❀❀❀

Bullai Bullai, die zwei grünen Papageienschwestern, sollten Beereeun, den Eidechsenmann, heiraten, doch sie verabscheuten den häßlichen Alten, denn sie waren Weedah, dem Laubenvogel, von ganzem Herzen zugetan.

»Ihr seid ihm schon von Geburt an versprochen«, warnte die beunruhigte Mutter. »Darum werdet Beereeuns Frauen, wie es das Gesetz des Stammes vorschreibt, sonst verwendet er gewiß seine gefährlichen Zauberkünste gegen euch, denn er ist ein mächtiger Wirrinun.« Als die beiden Mädchen Weedah am Abend von der elterlichen Abmachung erzählten, geriet er in tiefe Nachdenklichkeit.

»Wir müssen fliehen«, sagte er schließlich nach langem Nachdenken. »Morgen geht Beereeun einen befreundeten Stamm besuchen. Das ist vielleicht die letzte Gelegenheit. Ich werde in der Frühe das Lager verlassen und mich in dem Akaziengebüsch verstecken, das ihr auch kennt. Dort treffen wir uns. Vergeßt nicht, eure Feuerstöcke mitzunehmen. Wir durchqueren die Ebene und zünden das trockene Gras hinter uns an, um alle Spuren zu verwischen. Dann geht es weiter zum großen Fluß, wo ein guter Freund von mir wohnt. Er wird uns mit seinem Rindenboot übersetzen, und wir können weiterziehen bis ins ferne Land der kurzarmigen Leute.«

Die Schwestern stimmten dem Plan zu, und am nächsten Morgen machte sich Weedah kurz nach Tagesanbruch auf den Weg. Einige Zeit später erreichten auch die Bullai Bullai den vereinbarten Treffpunkt, von wo aus die drei in größter Eile über die offene Ebene hasteten. Am Rande des dichteren Buschs warfen sie die glimmenden Feuerstöcke in das dürre Gras, das sogleich in Brand geriet. Mit rasender Geschwindigkeit breiteten die lodernden Flammen sich aus und vernichteten alle Fußspuren der Flüchtenden. Weedah und die beiden Mädchen setzten ihren Weg fort. Bald war es Mittag geworden. Yih, die feurige Sonne, brannte erbarmunglos vom Himmel herunter, und alle verspürten einen quälenden Durst:

»Wir brauchen Wasser«, stöhnten die Bullai Bullai.

»Warum habt ihr keins mitgebracht?« antwortete der Vogelmann.

»Weil wir dachten, du hättest dafür gesorgt. Du behauptest, den Weg zu kennen, also führe uns an einem Fluß entlang, oder sage uns wenigstens, wo wasserspeichernde Bäume wachsen.«

»Seht nur da vorn«, rief Weedah plötzlich und deutete an den Rand der steinigen Senke, die sie gerade durchquerten. »Gleich werdet ihr genug Wasser haben.«

Und wirklich. Vor ihnen schimmerte ein heller, silbrig glänzender Streifen durch die vor Hitze flimmernde Luft. Keuchend liefen die Wanderer darauf zu, aber je weiter sie kamen, desto mehr schien das ersehnte Naß in die Ferne zu rücken. Als sie schließlich auf einen breiten Buschgürtel stießen, hatte sich die ganze Erscheinung in nichts aufgelöst. Vor lauter Erschöpfung waren die jungen Frauen einfach zu Boden gesunken, und nur durch die Verheißung von Wasser jenseits der Bäume gelang es Weedah, sie überhaupt zum Weitergehen zu bewegen.

Mühsam bahnten die drei sich einen Weg durch das dichte Gestrüpp. Kaum lag das offene Land vor ihnen, da begann der Laubenvogel von neuem zu rufen:

»Wasser, Wasser, habe ich es nicht gesagt.«

Die Schwestern verspürten ein bohrendes Stechen im Kopf, und durch die schwarzen Schatten vor ihren Augen drang der bläuliche Widerschein des seltsamen Wassers. In

70

der flirrenden Hitze schimmerte und zitterte die glatte Spiegelfläche wie von einer unmerklichen Brise bewegt. Das grelle Sonnenlicht aber überflutete das verlockende Bild und verwirrte bei angestrengtem Hinstarren den Blick des Betrachters.

Voll neuer Hoffnung rafften die Bullai Bullai ihre Kräfte zusammen und eilten dem weit entfernten Ziel entgegen, nur um nach einiger Zeit die gleiche schreckliche Enttäuschung zu erleben.

»Wir wollen umkehren«, riefen sie schließlich verzweifelt. »Dies ist das Land der bösen Geister, die uns Wasser vorgaukeln, wo in Wirklichkeit nur trockene Erde ist.«

»Zurückkehren, damit Beereeun euch erschlägt«, wandte Weedah ein.

»Besser in der Heimat durch einen schnellen Hieb des Steinbeils sterben, als im Reich der Teufel elend zugrunde zu gehen«, erhielt er zur Antwort.

»Oh nein, so einfach wird es nicht sein«, lachte der Vogelmann grimmig. »Beereeun, der mächtige Zauberer, tötet nicht mit dem Beil. Er richtet seinen magischen Knochen auf euch, der das Blut und die Seele des Menschen aufsaugt. Dann wird er eure Seelen vernichten, und ihr müßt langsam und jämmerlich dahinsiechen. Bedenkt auch, daß hinter uns der Busch in Flammen steht und der Rückweg durch das Feuer abgeschnitten ist.«

Die düstere Prophezeiung blieb nicht ohne Wirkung. Aus Angst vor der grausamen Rache des alten Wirrinun stolperten die beiden Schwestern weiter. Immer wieder starrte Weedah mit wirren Blicken in den Dunstschleier, der über dem ausgedörrten Land lastete, und rief wie in Verzükkung: »Wasser, Wasser, so seht doch nur. Da, direkt vor uns.«

Die Bullai Bullai aber hatten es längst aufgegeben, seinen Verheißungen Glauben zu schenken. Voller Verzweiflung stürzten sie sich zuletzt auf den Gefährten, verprügelten ihn heftig, und noch unter ihren Schlägen stammelte er etwas von Wasser und feuchtigkeitsspeichernden Wurzeln. Als die Peiniger schließlich erschöpft von ihm abließen, blieb Weedah wimmernd am Boden liegen. Inzwischen war es Abend geworden, die brennende Sonne stieg vom Himmel herab, und ein kühlender Lufthauch strich über die Ebene.

»Wir könnten das Lied singen, mit dem die Großmutter immer den Regen herbeiruft«, schlug die eine Schwester vor.

»Wenn unsere ausgetrockneten Kehlen noch einen Ton hervorbringen«, seufzte die andere.

»Wir bitten Doolooai, den mächtigen Herrn des Donners, eine Regenwolke für uns zu spalten.«

Mit wiegendem Oberkörper saßen die jungen Frauen am Boden, schlugen die flachen Hände im Takt auf die Schenkel und sangen das uralte Zauberlied:

> »Moogary, Moogary, May May,
> Eehu, Eehu, Doongairah.«

> »Eehu oonah wambaneah Doolooai
> Bullul goonung inderh gingnee
> Eehu oonah wambaneah Doolooai.«

Das bedeutet:

> »Hagel und Blitz, Regen und Sturm,
> Hagel und Blitz, Regen und Sturm.«

> »Schenke uns Regen, oh Donner
> Denn uns dürstet nach Wasser
> Schenke uns Regen, oh Donner.«

Wieder und wieder erklang der heisere, eintönige Beschwörungsgesang, bis die Bullai Bullai am Ende alle Hoffnung aufgaben und sich zum Sterben niederlegten, denn ihre Kräfte waren aufgezehrt.

»Der stechende Geruch der Akazienbüsche kündigt den kommenden Regen an«, murmelte die eine noch schwach. »Doch wenn er da ist, wird es schon zu spät für uns sein.«

In diesem Augenblick tauchte am nördlichen Horizont eine mächtige Gewitterwolke auf. Begleitet vom dumpfen Grollen des Donners, rückten die schwarzen Luftmassen rasch näher und kamen genau über dem Rastplatz zum Stehen. Ein greller Blitz, ein letzter berstender Donnerschlag, und der Himmel öffnete seine gewaltigen Schleusen. In dichten Sturzbächen rauschte der Regen herab und füllte die ausgetrockneten Wasserlöcher. Die dicken, kühlen Tropfen erweckten auch die Gefährten zu neuem Leben.

»Habe ich nicht gesagt, daß es hier Wasser gibt«, lachte Weedah.

Die Schwestern würdigten ihn keines Blickes, aber nachdem der Laubenvogel eine Handvoll eßbarer Wurzelknollen ausgegraben hatte, versöhnten sie sich wieder und setzten am Morgen in alter Eintracht den Weg fort. Auch tags darauf flimmerte wieder das verlockende Trugbild vor ihren Augen, diesmal jedoch ließen sie sich nicht in die Irre führen.

Gegen Abend erreichten die müden Wanderer den großen Fluß, wo Gulajahli, der Pelikan, wohnte:

»Ich bringe euch gern hinüber«, versprach er. »Zuerst meinen alten Freund Weedah, damit er schon das Nachtlager vorbereiten kann. Alle zusammen seid ihr sowieso viel zu schwer für das kleine Boot.«

Die beiden stießen vom Ufer ab. Nach einiger Zeit kam Gulajahli zurück, machte das Rindenkanu fest und setzte sich neben den wartenden Mädchen an das heruntergebrannte Feuer: »Ihr folgt mir jetzt in mein Lager hinter der Flußbiegung«, sagte er. »Es ist sinnlos, auf Weedahs Hilfe zu hoffen, denn er kann das reißende Wasser nicht überqueren. Also werdet meine Frauen, und ihr müßt nie wieder Hunger und Durst leiden. Rindenschalen voll süßem Honig sowie wohlschmeckende Fladen aus gemahlenen Grassamen stehen bereit, und jeden Tag will ich Fische fangen, soviel ihr nur essen könnt. Weedah hingegen hat euch nichts zu bieten als die Grashütte, die er gerade baut.«

»Niemals«, riefen die Papageienschwestern und sprangen auf. Als Gulajahli die beiden packen wollte, bewarfen sie ihn mit der Asche des Lagerfeuers. Dichte Staubwolken hüllten den verdutzten Pelikan ein, bis sein ganzer Körper von dem feinen weißen Puder bedeckt war und er völlig die Orientierung verloren hatte. Nur noch die Hände blieben frei, die er verzweifelt schüttelte, um den Staub aus den Augen zu reiben.

Die Bullai Bullai rannten zur Anlegestelle und stießen einen Entsetzensschrei aus. Vor ihnen im schwankenden Rindenboot stand der finstere Beereeun, dessentwegen sie all die Mühen und Gefahren der Flucht auf sich genommen hatten. Unsichtbar war der mächtige Zauberer den Spuren der drei gefolgt und hatte ihnen immer wieder das verlockende Trugbild vorgegaukelt. Aus Rache wollte er sie in die Irre führen, um sie elend verdursten zu lassen. Nur durch die schnelle Hilfe des Donners wurden die Flüchtenden vor diesem furchtbaren Ende bewahrt.

Die Schwestern blickten über den breiten Fluß. Am anderen Ufer stand Weedahs Hütte aus Gräsern und Zweigen. Eine seltsame Behausung war es, eine Art Laube mit gewölbtem Dach und zwei offenen Enden. Wie im Spiel rannte der Vogelmann unablässig hinein und wieder heraus, die geliebten Frauen schien er völlig vergessen zu haben.

»Weedah ist womba geworden, er hat den Verstand verloren«, lachte Beereeun höhnisch. »Im Schlaf habe ich seine Seele geraubt und einen verwirrten Geist an ihre Stelle ge-

74

setzt. Jetzt weiß er nichts mehr von euch, und ihr seid ihm gleichgültig. So geschieht es mit allen, die zu lange in Eerdhir, die gleißende Fata Morgana, blicken.«

In tiefer Bestürzung starrten die Mädchen auf das gegenüberliegende Ufer, wo Weedah unaufhörlich durch den engen Laubengang hastete. Sie riefen seinen Namen so laut sie konnten, doch er schenkte ihnen nicht die geringste Beachtung.

»Ich werde ihn auf eine weite Reise schicken«, knurrte der Zauberer böse. Er richtete sich auf, holte aus und schleuderte seinen langen Speer. Mit einem gellenden Schrei stürzte Weedah zu Boden, denn die gezackte Spitze hatte ihm die Brust durchbohrt.

»Wasser, ich sehe Wasser«, rief er noch einige Male, dann brach er tot zusammen.

»Setz uns über, setz uns über«, flehten die Bullai Bullai. »Vielleicht können wir ihm noch helfen.«

»Er ist nicht mehr da«, spottete Beereeun und zeigte auf einen hellen Stern, den die Geschwister niemals zuvor gesehen hatten: »Dort oben am Himmel wartet er auf euch, warum steigt ihr nicht einfach hinauf.«

Vergeblich suchten ihre Augen immer wieder den Lagerplatz ab, doch der Vogelmann blieb spurlos verschwunden. Nach einer Weile waren die jungen Frauen davon überzeugt, daß Weedah nicht länger unter den Lebenden weile, und begannen die Trauerzeremonie, wie es den Witwen beim Tod des Mannes vorgeschrieben ist. Sie stimmten die uralten Grabgesänge an, bedeckten die Köpfe mit einer weißen Paste aus Asche und Wasser und banden sich grüne Zweige um den Leib.

Als Blutopfer brachten sie sich tiefe Schnittwunden bei und zündeten schließlich ein Rauchfeuer an. Verborgen vor dem umherirrenden Geist des Verstorbenen, saßen die Schwestern dann lange in dem dichten Qualm.

»Es gibt keinen Bruder des Toten, der Anspruch auf diese

Frauen erhebt«, raunte Beereeun dem Pelikan zu: »Heute nacht werden wir sie uns nehmen.«

Gulajahli war einverstanden, aber die Bullai Bullai hatten die Worte des Zauberers gehört, und in ihre Trauergesänge flochten sie beschwörende Bitten an die Geister der verstorbenen Stammesgenossen. »Eilt herbei aus dem Seelenland, ihr Brüder und Schwestern«, flüsterten sie. »Eilt herbei, und rettet uns vor diesen Männern, die das Leid der Witwen mißachten.«

Lange noch beweinten die Frauen ihren Verlust, und erst spät in der Nacht senkte sich die Stille über das Lager. Als Beereeun und Gulajahli vorsichtig heranschlichen, waren die beiden spurlos verschwunden. Der Pelikan häufte eifrig dürre Zweige auf das heruntergebrannte Feuer, doch auch im hellen Schein der Flammen blieben die Bullai Bullai wie vom Erdboden verschluckt.

Da ertönte plötzlich ein höhnisches Gelächter, das weithin vernehmbar durch die Dunkelheit hallte. Beereeun und Gulajahli schraken zusammen und blickten sich suchend um, aber nur schwarze, drohende Schatten umstanden den flackernden Bannkreis des Lagerfeuers. Wieder erklang das seltsame Lachen, das wie aus unendlicher Ferne zu ihnen drang.

Hoch oben am nächtlichen Firmament stand Womba, der verrückte Stern, und verspottete seine Widersacher. Unterdessen bewegten sich zwei kleinere Gestirne über das gewölbte Himmelsdach langsam auf ihn zu.

»Die Bullai Bullai«, sagte der Pelikan traurig. »Wir haben sie für immer verloren. Ich werde wieder allein und einsam leben.«

»Sie sollen mir nicht entkommen«, knurrte der Eidechsenmann. »Ich werde eine Brücke zu den Sternen schlagen und die Frauen auf die Erde zurückholen, um grausame Rache zu üben.«

Beereeun packte seinen längsten Speer, der einen spitzen

76

knöchernen Widerhaken besaß, und schleuderte ihn mit aller Kraft hinter den Flüchtenden her. Schnell wie ein Blitz fuhr die Waffe in die Höhe und bohrte sich zwischen den Gestirnen in das nachtblaue Himmelsgewölbe. Speer auf Speer warf der grimmige Zauberer, die sich alle am Schaftende des vorangehenden festkrallten. Als der letzte beinahe wieder den Erdboden berührte, ergriff Beereeun die schwankende Gerte und kletterte höher und immer höher, bis schließlich die Bahnen der Himmelskörper erreicht waren. Dort nahm er sogleich die Verfolgung auf.

Sein Plan sollte jedoch niemals in Erfüllung gehen, denn auch Beereeun wurde in einen leuchtenden Stern verwandelt, der seitdem in ewig gleichem Abstand neben den beiden Schwestern steht.

Seine Stammesgenossen aber, die kleinen Eidechsen, beschwören auch heute noch die verlockenden Trugbilder herauf, die den Durstigen in den Wahnsinn treiben, bevor er elend zugrunde geht.

Gulajahli, der Pelikan, hat von der Asche der Bullai Bullai sein weißes Federkleid davongetragen. Eine Ausnahme bilden allein die schwarzen Schwungfedern und die dunklen Hautränder um die Augen. Sie entstanden, als er sich den beißenden Staub aus dem Gesicht zu reiben versuchte. Das Gefieder der Bullai Bullai, der Papageien, hingegen ist seit dieser Zeit grün wie die Zweige, die sie bei der Trauerfeier umbanden, mit vereinzelten weißen und roten Flekken von der Aschenbedeckung und den Schnittwunden beim Blutopfer.

Auch Womba, der verrückte Stern, glänzt immer noch am nächtlichen Firmament. Die Weißen nennen ihn Canopus, ein majestätisches Gestirn, das seine Umgebung an Schönheit und Leuchtkraft weit überragt. Weedah, der Laubenvogel, schließlich baut nach wie vor seine überdachten Laubengänge aus Gräsern und Halmen, die er mit Blumen

und bunten Steinchen ausschmückt. Rastlos springt er
dann hin und her und ahmt geschickt die unterschiedlich-
sten Tierstimmen nach, um ein neugieriges Vogelweib-
chen in sein Bauwerk zu locken.

Duraks Verwandlung

In der Traumzeit lebte eine alte Frau mit Namen Durak. Sie war schlau und gefräßig und wollte die Nahrung nicht mit den anderen teilen. Hatte sie Jamswurzeln ausgegraben, dann behauptete sie einfach, die seien noch zu bitter und müßten erst im Wasser eingeweicht werden. Sobald aber niemand in der Nähe war, schlang sie alles gierig in sich hinein.

Zwei junge Männer aus Duraks Stamm beschlossen, ihr eine Lehre zu erteilen. Sie hießen Lambuk, der sich später in die braune Taube verwandelte, und Warkwark, der die Gestalt der weißäugigen Krähe annahm. Die beiden wollten auf Känguruhjagd gehen und ihren Freund Jarwajak, den besten Jäger, mitnehmen: »Ich kann nicht laufen«, sagte Jarwajak. »Ich habe mich am Fuß verletzt.«

»Du bist in einen Dorn getreten«, antwortete Warkwark. »Ich ziehe ihn dir heraus, und du kommst mit.«

Jarwajak war einverstanden. Warkwark bückte sich und zog den Stachel aus dem geschwollenen Fuß. Dabei platzte die ganze Geschwulst auf, und eine weiße Flüssigkeit spritzte ihm mitten ins Gesicht. Daher kommt es, daß die Krähe so helle Ränder um die Augen hat.

Nun konnte Jarwajak wieder gehen. Die drei zogen los und speerten ein großes Känguruh. Die Beute wurde ins Lager gebracht. Dort begannen die Männer sogleich mit dem Ausheben der Grube für den Erdofen. Andere gingen Steine und Baumrinde holen.

Alsbald kam auch die alte Durak herbeigehumpelt: »Ach was für tüchtige Jäger ihr seid«, rief sie. »Ihr werdet mir

doch gewiß ein gutes Stück von dem saftigen Fleisch überlassen. Habe ich euch denn nicht immer fleißig zu essen
gegeben, als ihr noch klein wart?«

»Nur wenn du uns etwas zu trinken vom Wasserloch
holst«, erwiderte Warkwark.

Die Alte nahm ihre Holzschüssel und machte sich auf den
weiten Weg. Immer wieder warf sie mißtrauische Blicke
ins Lager zurück. Dabei murmelte sie unablässig vor sich
hin, so wie es auch die Emu tut.

»Durak wird eine Weile brauchen«, sagte Lambuk. »Beeilt
euch. Bevor sie zurück ist, muß das Fleisch gar und verteilt
sein. Wir wollen ihr zeigen, wie es ist, wenn man nichts
abbekommt.«

»Laßt mich nur machen«, rief Koark, ein Mann, der sich
stets lautstark seiner großen Körperkräfte brüstete. Er
packte das Känguruh bei den Vorder- und Hinterläufen
und wollte es im Schwung auf die Feuerstelle werfen. Dabei verlor er das Gleichgewicht, stürzte ins Feuer und verbrannte sich die Haut. Koark wurde später in den schwarzen Kuckuck verwandelt. Der rote Streifen in seinen
Schwanzfedern zeugt noch heute davon, wie ihm die
Flammen zugesetzt haben.

Als Durak endlich keuchend und schwitzend von ihrem
langen Weg zurückkam, fand sie das Lager leer vor. Auch
der Erdofen war ausgeräumt. Die Alte heulte auf vor Wut.
Ihre scharfen Augen suchten den Boden ab, doch die Männer hatten alle Spuren sorgfältig mit Zweigen verwischt.
Plötzlich fuhr sie erschrocken zurück. Keine zwei Schritte
vor ihr schoß etwas beinahe senkrecht nach oben in die
Luft. Der junge Jirritti hatte sich mit einem Stück Känguruhschwanz in der Hand im hohen Gras versteckt gehalten. Nun, da er entdeckt zu werden drohte, nahm er die
Gestalt einer braunen Wachtel an und flog davon. Durak
schleuderte ihm ihren spitzen Wurfstock hinterher. Dieser
verfehlte jedoch sein Ziel, beschrieb einen weiten Bogen

durch die Luft und kam zurück. Er schoß mit solcher Geschwindigkeit auf die Werferin zu, daß sie nicht mehr ausweichen konnte, und bohrte sich tief in ihre Stirn.

Mit Durak aber ging eine seltsame Verwandlung vor. Der Stock in ihrem Kopf wurde zu einem starken Schnabel, der Hals streckte sich, und ihren Körper bedeckte bräunliches Gefieder. Die Arme schrumpften zu kurzen Stummelflügeln, und sie bekam dünne, schwarze Vogelbeine mit spitzen Klauen. Die Alte war zu einem Emu geworden, wie sie über Buschsteppen und offenes Grasland ziehen. Unablässig sind diese Vögel auf der Suche nach saftigen Gräsern und Kräutern. Dabei geben sie ihre kehligen Brummlaute von sich, die an das Gemurmel der alten Durak erinnern.

Die steinernen Frösche

✿✿✿✿✿✿✿✿✿✿

So schwer hatten die Töchter Bundulais den alten Zauberer beleidigt, daß er ihnen heimlich auflauerte und alle drei in quakende Frösche verwandelte.

Als die Mädchen nach einigen Tagen nicht wieder auftauchten, geriet die Mutter in große Sorge, denn sie befürchtete, daß fremde Männer ihre Töchter verschleppt hatten. Dunkle Wolken verfinsterten den Himmel, und der herabrauschende Regen verwischte alle Fußabdrücke. Nur nicht die Spur Oodoolais, des runden Regensteins, der wie immer bei nassem Wetter unterwegs war. In diesem magischen Stein wohnten die Geister verstorbener Wirrinuns, und wenn er sich irgendwo niederließ, dann kündigte ein weithin vernehmbares freudiges Lachen den kommenden Regen an. Kein menschliches Wesen hatte Oodoolai jemals berührt, so rastlos durchstreifte er das Land, doch stets verrieten die frischen Spuren auf dem schlammigen Boden seine Anwesenheit.

Bundulai verließ das Lager und rief die Namen der Vermißten nach allen Seiten. Vielleicht saßen die Mädchen im Busch unter dem schützenden Dach einer Rindenhütte, um das Ende der Regenfälle abzuwarten. Nach langer, mühevoller Suche erhielt sie endlich eine Antwort und rannte erwartungsvoll zu der vermeintlichen Stelle hin, aber niemand war zu sehen. Mehrmals noch wurden ihre Rufe ganz aus der Nähe erwidert, bis sie schließlich bemerkte, daß die dünne Stimme unter einem Grasbüschel hervorkam. Nurahgogo, der Borkenkäfer und Freund des Stammes, hatte die einsame Wanderin begrüßt.

Voller Enttäuschung machte sich Bundulai wieder auf den Weg und verlor zuletzt jede Hoffnung, ihre geliebten Töchter noch einmal wiederzusehen. Müde und hungrig suchte sie die Umgebung nach etwas Eßbarem ab und entdeckte die Spuren von Juajahs oder Erdfröschen, die sie sogleich auszugraben begann.

»Das gibt eine schöne Mahlzeit«, murmelte Bundulai zufrieden, als die fetten Tiere vor ihr am Boden zappelten, die größten Juajahs, die sie jemals gesehen hatte. Da gaben die Frösche plötzlich eigentümlich klagende Laute von sich und schienen sie mit runden, glänzenden Augen flehentlich anzustarren.

»Ich werde lieber gleich hier essen«, dachte die Frau, ohne die seltsamen Töne weiter zu beachten. »Im Lager muß ich den anderen einen Teil der Beute überlassen.«

Bundulai hob eines der Tiere hoch, aber das klägliche Gequake und die jammervollen Blicke brachten sie so durcheinander, daß sie den Juajah ganz verwirrt wieder fallen ließ.

»Ich bin eine Närrin, auf das Gezeter von Fröschen zu hören«, schimpfte sie. »Es wäre töricht, diesen wohlschmeckenden Fang entwischen zu lassen.«

Entschlossen beugte sie sich vor, doch immer durchdringender wurden die heiseren Schreie und klangen schließlich wie menschliche Worte:

»Du darfst uns nicht aufessen. Wir sind deine verschwundenen Töchter, und du bist unsere Mutter. Wir haben den alten Zauberer ausgelacht, weil er einen Buckel hat wie Dinewan, der Emu, das Totemtier seines Stammes. Als Strafe dafür wurden wir in Juajahs verwandelt.«

Gefolgt von den klagenden Rufen ihrer Kinder, eilte Bundulai in das Lager des Zauberers, der gerade einen neuen Bumerang zuschnitt.

»Hast du meine Töchter zu schmutzigen Erdfröschen gemacht?« fragte sie.

»Ja«, antwortete der Wirrinun voller Stolz über diesen Beweis seiner Kunst.

»Wie kannst du das tun«, rief die Mutter. »Willst du, daß ich ohne die Hilfe meiner Kinder elend verhungere, wenn ich alt bin und zu schwach, um noch selbst auf Nahrungssuche zu gehen?«

»Hast du nicht ihren Vater an meiner Stelle gewählt?« erwiderte der Zauberer, dessen Werbung sie einst als junges Mädchen zurückgewiesen hatte. »Ich bin nur ein häßlicher, buckliger Alter, genau wie Dinewan, der Emu, das heilige Totemtier meines Stammes.«

Mit einer schroffen Geste verhinderte er den Einwand der erregten Bundulai: »Du weißt, daß es Krieg zwischen den Stämmen bedeutet, wenn einer das Totem des anderen mißachtet. Ich aber greife nicht zu den Waffen. Ich habe deine hochmütigen Töchter lediglich in Wesen verwandelt, auf deren Stimme niemand mehr hört. Nie wieder werden sie den heiligen Vogel beleidigen. Geh und iß sie auf, Erdfrösche sind eine wohlschmeckende Nahrung.«

»Wie kann eine Mutter die eigenen Kinder verzehren. Ich bitte dich, gib ihnen die menschliche Gestalt zurück. Für alle Zeiten werden sie den stolzen Dinewan achten, und ich selbst will vom heutigen Tag an in deiner Hütte wohnen.«

»Warum sollte ich dich jetzt zu mir nehmen, wo du alt und runzlig bist«, spottete der Wirrinun und fuhr fort, mit einem scharfen Oppossumzahn geschwungene Linien in den Bumerang zu ritzen.

»Ich flehe dich an, rette meine Töchter«, bat die verzweifelte Bundulai, »verwandle die Frösche, so daß niemand sie aufessen kann. Ich will dir dafür auch den Dajurl geben, den sprechenden Mahlstein unserer Vorväter. Nur der rechtmäßige Besitzer vermag die Stimme des magischen Steins zu erwecken, und dir allein soll er in Zukunft gehören.«

»Bring mir den Dajurl, und dein Wunsch wird in Erfüllung gehen«, versprach der Zauberer.

Als Bundulai einige Zeit später den kostbarsten Besitz ihres Stammes zu Füßen des Alten legte, gab der Zauberstein ein dumpfes Grunzen von sich.

»Nun geh«, befahl der Wirrinun, »und du wirst sehen, daß ich mein Versprechen zu halten weiß.«

In freudiger Erwartung rannte die Mutter an den Fundort zurück, doch zu ihrer Enttäuschung sah sie nur dicke Juajahs vor den Erdlöchern sitzen.

»Oh, meine geliebten Töchter, darf ich euch nie wieder in die Arme schließen«, schluchzte sie voller Verzweiflung, denn reglos kauerten die Frösche am Boden und gaben keinen Laut von sich.

Weinend streckte Bundulai die Hände nach ihnen aus und prallte entsetzt zurück. Ihre Finger berührten nur rauhen, kalten Stein, aus dem alles Leben gewichen war.

So hatte der heimtückische Zauberer sein Wort gehalten und die drei Mädchen in Juajah Majamah, steinerne Frösche, verwandelt, die niemand essen kann. Die Mutter aber starb bald darauf einsam und an gebrochenem Herzen.

Der Emudieb

❀❀❀❀❀❀❀❀❀

Deegeenbojah, der lärmende Honigfresservogel, der sein Gebiet immer so lautstark gegen alle Eindringlinge verteidigt, lebte einst als Mensch auf der Welt. Lange schon war er ein alter, gebrechlicher Mann geworden, und es bereitete ihm zunehmend Mühe, genügend Fleisch für seine zwei Frauen und ihre beiden Töchter heranzuschaffen. Deegeenbojah pflegte sein Lager stets etwas abseits von den Zweighütten der anderen Steppenbewohner aufzuschlagen. Auf die Jagd aber ging er immer zusammen mit den Mullians, den jungen Männern vom Stamm der Habichtsadler, um sich auf diese Weise wenigstens einen bescheidenen Anteil an der gemeinsamen Beute zu sichern. Eines Tages erreichte der Alte erst spät das Lager der Mullians, die bereits seit dem frühen Morgen auf der Jagd waren. Ziellos streifte der Vogelmann eine Weile umher, da kam ihm plötzlich eine schlaue Idee. Geschickt verkroch er sich in einiger Entfernung von den Hütten im dichten Gebüsch und beschloß, die Rückkehr der Jäger abzuwarten.

In der glühenden Mittagshitze kamen die Habichtsadler aus der Steppe zurück. Schon von weitem hörte Deegeenbojah die Krieger das Lied vom brütenden Emuhahn singen. Ein uralter Jagdgesang, den nur der stolze Jäger anstimmen darf, der das erste Emunest der beginnenden Brutzeit entdeckt hat. Deegeenbojah wartete, bis die Mullians an seinem Versteck vorbei waren, dann sprang er aus dem Gebüsch hervor und folgte ihnen in vorsichtigem Abstand ins Lager. Unterwegs aber fiel auch er mit geschwellter Brust in das triumphierende Lied ein, und weithin erklang der Gesang der heimkehrenden Männer über die Ebene:

> »Nurdoo, nurbber me derreen derreenbah,
> ah, ah, ah, ah, ah.
> Garmbay booan yunnahdeh beahwah
> ah, ah, ah, ah, ah.
> Gubbondee, dee, ee, ee,ee.
> Neäh neän gulbeejah, ah, ah, ah, ah.«

Darin wird erzählt:

> »Ich sah ihn zuerst durch die Büsche
> schimmern,
> den weißen Streifen auf dem Kopf
> des brütenden Hahns.
> Der weiße Streifen, der sonst nur
> sichtbar,
> wenn der große Vogel über die
> weite Steppe zieht.
> Niemals zuvor habe ich ein Emunest gesehen,
> die flache Mulde mit Blättern, Gras
> und Zweigen geschmückt.
> Eine reiche Beute habe ich entdeckt,
> nun laßt uns das Nest schützen
> vor den gefräßigen Ameisen,
> damit sie die
> Eier nicht zerstören.«

Als der letzte Ton verklungen war, nahmen die im Lager zurückgebliebenen Stammesbrüder das Lied wieder auf und sangen es laut den Jägern entgegen, zum Zeichen, daß sie die Botschaft erhalten hatten.

Bald nach den Mullians traf auch Deegeenbojah singend bei den Hütten ein.

»Hast du etwa auch ein Emunest gefunden?« fragte ihn einer der erstaunten Habichtsadlermänner.

»Aber gewiß«, antwortete der schlaue Alte, »und ich glaube sogar, ihr habt dasselbe Gehege aufgespürt wie ich. Allerdings erst nach mir, denn am Brutplatz waren keine Fußspuren von euch zu sehen. Aber ich bin schon alt, und meine Glieder sind steif geworden. Deshalb seid ihr jungen Krieger auch vor mir ins Lager zurückgekommen. Sagt mir doch, wo sich euer Nest befindet.«

»In dem dichten Bocksdorngebüsch«, antwortete einer der arglosen Jäger, »da, wo die große Steineebene beginnt«.

»Ah, seht ihr, ich habe es doch gewußt«, tat Deegeenbojah ganz scheinheilig. »Ihr habt mein Nest ein zweites Mal entdeckt. Aber was macht das schon. Wir werden die Beute teilen, wie es Sitte ist. Nun hört meinen Plan. Holt euer Emufangnetz, dann laßt uns die Nacht in der Nähe des Nistplatzes verbringen, und morgen früh locken wir den Vogel in die Falle.«

Deegeenbojahs Vorschlag fand die Zustimmung der Mullians, die sogleich das Jagdnetz brachten. Es war aus starken Bastschnüren geknüpft und besaß etwa die Höhe eines ausgewachsenen Emuhahns. Vor dem Aufbruch aber tanzten die Männer den heiligen Tanz, der das Erlegen des großen Vogels darstellt, und beschworen mit geheimen Zaubersprüchen das Jagdglück herbei. Dann machten sie sich auf den Weg und schlugen das Nachtlager in der Nähe ihrer Beute auf.

Am nächsten Morgen begannen die Jäger mit geübten Griffen ihre Falle vor dem Bocksdorngebüsch aufzubauen. Fest in den Boden gerammte Pflöcke hielten das aufgespannte Stellnetz hoch, das ein langgezogenes Dreieck bildete und zum Brutplatz hin offen blieb. An den Seiten entlang wurden in regelmäßigen Abständen speer- und keulenbewaffnete Männer postiert.

Inzwischen hatten sich die anderen um das Gelege herum in einem dichten Ring aufgestellt, der nur noch eine schmale Öffnung genau gegenüber dem Netzeingang frei ließ. Auf ein verabredetes Zeichen hin setzten sich alle in Bewegung und rückten mit lautem Geschrei und unter dem dumpfen Dröhnen der aneinandergeschlagenen Waffen langsam gegen das Nest vor.

Unruhig scharrte der Hahn in der flachen Erdmulde, reckte den langen Hals und spähte mit scharfen Augen umher. Noch weigerte er sich, seine Brut im Stich zu lassen und die Flucht zu ergreifen. Als die Mauer der Feinde schließlich ganz nah herangerückt war und der Kreis immer enger wurde, richtete sich der Vogel plötzlich zu mannshoher Größe auf, stieß einen gellenden Schrei aus und stürzte pfeilschnell durch die verbliebene Öffnung. Sofort hetzten die Jäger von allen Seiten hinter ihm her und trieben das Tier in die Netzfalle hinein.

Aber so schnell gab der starke Emu den Kampf nicht auf. Immer wieder rannte er in verzweifelter Todesangst gegen die Wände des Netzes und versuchte, die Maschen mit seinen messerscharfen Klauen zu zerfetzen. Als die Kräfte des großen Vogels unter dem Hagel der Speere und Keulen nachzulassen begannen, sprang ihn einer der Mullians geschickt von hinten an und drehte ihm mit einem schnellen Griff den Hals um.

Die dunkelgrünen Emueier wurden aus dem Gelege geholt, in der heißen Asche des Lagerfeuers gekocht und mit großem Appetit verzehrt. Nach einer längeren Ruhepause im Schatten eines Eukalyptusbaums machten sich die Jäger daran, ein rundes Erdloch auszuheben, um den gerupften Hahn darin zu rösten. Den Boden der Grube kleideten sie mit einer dicken Schicht glühender Holzkohle aus und breiteten Zweige und Federn darüber. Auf diesen Rost wurde dann der tote Emu gelegt und mit Federn, Zweigen und Holzkohle bedeckt. Zum Schluß dichteten die Männer das Ganze so mit Erde ab, daß nur noch die langen klauenbewehrten Beine aus dem Boden ragten. Da es nun einige Zeit dauerte, bis das Fleisch im

Erdofen gar wurde, sagte der listige Deegeenbojah zu den Habichtsadlern: »Ich werde hierbleiben und aufpassen, unterdessen könnt ihr ja noch einmal euer Jagdglück versuchen.«

Die Mullians stimmten seinem Vorschlag zu und nahmen die langen Emuspeere zur Hand. Die Spitzen waren mit scharfen Widerhaken aus Holz oder Knochen versehen, die verhinderten, daß das Tier den Speer wieder abschüttelte. Dann befestigten sie noch einige Emufedern an ihren Waffen und machten sich wieder auf den Weg.

Bald schon tauchte in der Steppe eine kleine Emuherde auf, die zur Tränke an einem nahegelegenen Wasserloch zog. Schnell kletterten zwei der Männer auf einen Baum und verbargen sich geschickt in den dichten Zweigen. Als die Tiere näher kamen, ließen sie ihre federgeschmückten Speere vorsichtig durch die Äste gleiten und langsam in der Luft hin und her baumeln. Neugierig liefen die Vögel herbei, reckten die langen Hälse und beschnupperten die fremdartig riechenden Federbüsche.

Auf diesen Moment aber hatten die versteckten Jäger nur gewartet. Blitzschnell rissen sie die Speere zurück, holten weit aus und trieben sie mit aller Kraft in die Leiber der zwei größten Hähne. Mit gellendem Schrei stürzte einer sofort tödlich getroffen zu Boden, während die Herde in panischer Angst auseinanderstob. Der verwundete Emu versuchte, mit dem langen Speer im Leib zu entkommen, bald aber hatten die anderen Männer ihn niedergehetzt und mit wuchtigen Keulenschlägen zu Boden gestreckt. Zufrieden warfen die Jäger die toten Vögel über ihre Schultern und gingen zu Deegeenbojah zurück. Nachdem auch diese beiden Emus im Erdofen geröstet waren, rüstete man sich zum Aufbruch ins Lager der Habichtsadler. Alle waren in guter Stimmung über die reiche Jagdbeute und dachten voller Freude an den bevorstehenden Festschmaus.

Auf dem Rückweg begannen die jungen Krieger ausgelassen ihre Speere zu werfen und ließen die gekrümmten, zurückkehrenden Bumerangs, auch Bubberaks genannt, durch die Luft kreisen.

»Laßt mich die Emus ruhig allein tragen«, rief Deegeenbojah, »dann könnt ihr ungestört eure Geschicklichkeit messen, und wir werden sehen, wer der Beste ist.«

Arglos übergaben ihm die Mullians ihre Beute und widmeten sich voller Eifer dem fröhlichen Wettstreit. Als Deegeenbojah bald darauf seine schwere Last absetzte und auf einem umgestürzten Baumstamm Platz nahm, dachten alle, daß der alte Mann etwas ausruhen wollte. Immer ausgelassener wurde das Treiben der Kämpfer. Laute Begeisterungsrufe begleiteten jeden guten Wurf und spornten die anderen an, ihre Anstrengungen zu verdoppeln. Einer der Habichtsadler, die bereits ein gutes Stück voraus waren, wandte sich um und rief lachend: »Na, wo bleibst du denn, Deegeenbojah? Sind dir unsere Emus schon zu schwer geworden?«

»Geht nur ruhig weiter«, antwortete der schlaue Alte. »Ich will meinen steifen Gliedern noch eine kurze Rast gönnen und komme dann gleich hinter euch her.«

Sobald jedoch die Jäger außer Sicht waren, sprang er auf, packte die toten Vögel und hastete damit auf ein nahegelegenes Erdloch zu. Es war der Wohnsitz seiner Freundin Murgah Mugguih, der gefräßigen Falltürspinne. Über ihr Versteck hatte die schlaue Spinne zur Tarnung eine bewegliche Klappe gewoben, hinter der sie ihrer Beute auflauerte, um sie blitzschnell in die tödliche Falle zu zerren. Deegeenbojah verschwand in der Höhle und kroch mit den Emus durch den langen unterirdischen Gang, der zu einem zweiten Ausgang in der Nähe seines eigenen Lagers führte.

Inzwischen waren die hungrigen Mullians bei ihren Hütten angelangt, und auch die alten Männer hatten sich zur

Verteilung der Jagdbeute eingefunden. Ungeduldig wartete der ganze Stamm auf Deegeenbojah. Als er einige Zeit später immer noch nicht da war, beschlossen die jungen Krieger, ihm entgegenzulaufen. Sie nahmen die eigene Spur wieder auf und gingen den gleichen Weg in die Steppe zurück. Lange streiften sie im Busch umher und riefen den Namen des Vermißten, aber Deegeenbojah schien wie vom Erdboden verschluckt. Schließlich versammelte Mullyangah, einer der Führer der Habichtsadler, seine Stammesbrüder um sich: »Es ist besser, wenn ihr wieder umkehrt«, sagte er. »Ich werde die Suche allein fortsetzen.«
Nachdem ihn die anderen Männer verlassen hatten, nahm Mullyangah seine Speere und lief bis an die Stelle zurück, wo Deegeenbojah zuletzt gesessen war. Von hier aus verfolgte er die Spur des Alten, bis sich die Fußabdrücke plötzlich im Sand verloren.
Sorgfältig suchte der Habichtsadler die ganze Umgebung ab, aber Murgah Mugguih hatte ihre tückische Falltür so geschickt getarnt, daß selbst die scharfen Augen des Vogelmannes sie nicht entdeckten. Ziellos wanderte Mullyangah, dessen böser Verdacht inzwischen zur festen Gewißheit geworden war, durch den Busch, grimmig entschlossen, den Verschwundenen zu finden. So kam er zuletzt auch zum Lager Deegeenbojahs, wo er jedoch nur dessen zwei kleine Töchter antraf.
»Wißt ihr, wo euer Vater ist?« fragte der Habichtsadler.
»Er ist auf die Jagd gegangen«, antworteten die Kinder.
»Und auf welchem Weg kommt er immer ins Lager zurück?«
»Unser Vater kommt oft aus diesem Loch dort heraus«, sagte die Älteste und zeigte Mullyangah die Falltür am Ausgang der nahegelegenen Spinnenhöhle.
»Sind denn eure Mütter nicht da?« forschte er weiter.
»Nein, sie sind in den Busch gegangen, um nach Jamswurzeln und wildem Honig zu suchen.«

Kichernd sprangen die beiden Mädchen davon und kletterten wieder den krummen Akazienbaum hoch, auf dem sie auch vorher schon gespielt hatten. Der Habichtsadler zögerte nicht lange. Noch einmal prüften seine scharfen Augen die Umgebung des Lagers, dann stellte er sich unter den Baum, genau an der Stelle, wo die Äste am höchsten über den Boden ragten.

»Klettert hierher«, rief er nach oben, »dann könnt ihr herunterspringen, und ich fange euch auf.«

Fröhlich lachend krabbelte die Älteste in die schwankende Astgabel und flog furchtlos den weit ausgestreckten Armen entgegen. Im letzten Augenblick aber trat Mullyangah einen Schritt zurück und ließ die Arme sinken. Das Kind schlug dumpf am Boden auf und blieb reglos zu seinen Füßen im Sand liegen. Mit einer schnellen Bewegung packte der Habichtsadler den kleinen leblosen Körper und warf ihn hinter den dicken Baumstamm.

»Nun komm, spring schon«, rief er dem anderen Mädchen aufmunternd zu, »es kann dir doch gar nichts geschehen.«

»Ich fürchte mich«, stammelte die Kleine, der das lautlose Verschwinden der Schwester plötzlich unheimlich wurde.

»Aber du brauchst doch keine Angst zu haben«, lachte Mullyangah und streckte ihr seine kräftigen Arme entgegen.

»Schau nur, wie stark ich bin.«

Schließlich gelang es dem schlauen Vogelmann, das verängstigte Kind zu überreden. Sie sprang in die Tiefe und erlitt das gleiche Schicksal wie ihre Schwester.

Kaum hatte der Habichtsadler die zwei toten Mädchen im Gebüsch verscharrt, als sich laute Stimmen dem Lager näherten. Es waren die beiden Frauen Deegeenbojahs, die von der Nahrungssuche zurückkamen. Fröhlich schwatzend gingen sie nebeneinander her, denn ihre geknüpften Tragtaschen waren voll von Jamswurzeln und saftigen Käferlarven. An einer Bastschnur trug die eine noch ihre flache Holzschüssel mit dem süßen Honig der wilden Bienen über der Schulter.

Unsichtbar lauerte Mullyangah hinter dem Akazienbaum, bis die ahnungslosen Frauen vorbeigekommen waren. Dann stürzte er hervor und stieß ihnen blitzschnell seine Speere mit solcher Wucht in den Rücken, daß die gezackte Spitze auf der anderen Seite wieder hervortrat. Ohne die sterbenden Frauen weiter zu beachten, nahm der Habichtsadler seine Waffen auf und ließ sich in der Nähe der Spinnenhöhle nieder.

Er mußte nicht lange warten. Vorsichtig wurde die Falltür geöffnet und hervor kam ein gerösteter Emu, den Mullyangah rasch packte und zur Seite legte. Der arglose Deegeenbojah, der meinte, daß ihm seine beiden Töchter behilflich waren, schob auch gleich den zweiten Vogel hinterher. Wieder griff der Habichtsadler zu, und nachdem der dritte Emu ebenfalls ans Tageslicht gelangt war, kroch schließlich der diebische Alte selbst aus dem dunklen Erdloch.

Entsetzt prallte er zurück, als plötzlich der mit Speer und Keule bewaffnete Krieger vor ihm stand. Verzweifelt blickte er sich nach einem Fluchtweg um, aber hinter seinem Rücken war die Falltür bereits wieder zugeklappt, und davor machte der grimmige Vogelmann jedes Entkommen unmöglich.

»Du hast die Jagdbeute meiner Stammesbrüder gestohlen«, rief Mullyangah mit donnernder Stimme. »Dafür habe ich deine Frauen und deine Kinder getötet.«

Mit wirren Blicken starrte Deegeenbojah den Habichtsadler an, und als der Alte seine beiden Frauen tot im Sand liegen sah, seufzte er tief auf und krümmte sich in ohnmächtigem Schmerz.

»Da sind deine Emus, Mullyangah«, stöhnte er, »nimm sie mit, aber laß wenigstens mich noch am Leben. Nie wieder werde ich eure Beute stehlen. Ich selbst brauche nur wenig zu essen, aber meine Frau und meine Kinder waren hungrig. Ich habe für sie gestohlen. Verschone mich, Mullyangah, ich bitte dich darum. Ich bin schon ein alter Mann und habe nicht mehr lange zu leben.«

»Niemals«, rief der zornige Habichtsadler, »du hast das Gesetz unseres Stammes gebrochen. Dafür sollst du sterben.«

Schnell wie ein Blitz zuckte der lange Speer durch die Luft und traf den aufschreienden Deegeenbojah mitten ins Herz.

Ohne sich weiter um sein sterbendes Opfer zu kümmern, packte der Rächer die toten Emus und schleppte sie ins Lager der Mullians zurück. Dort wurde er von den jubelnden Stammesbrüdern empfangen, die die Klugheit und Tapferkeit ihres Anführers priesen und ihm zu Ehren ein großes Tanzfest veranstalteten.

Mit Deegeenbojah aber, der röchelnd am Boden lag, ging eine seltsame Veränderung vor. Sein Körper schrumpfte zusammen und wurde von hellbraunen Federn bedeckt. Aus dem Gesicht trat ein langer, nach unten gebogener Schnabel hervor, und an den dünnen fleischlosen Beinen wuchsen spitze Krallen anstelle der Füße. Die Arme schließlich verwandelten sich in gefiederte Flügel, die von gelbgrünen Farbflecken geschmückt waren.

Flatternd stieg wenig später ein großer Vogel neben dem Eingang der Spinnenhöhle auf und flog mit lautem Gekrächze in die Zweige des Akazienbaumes. Der alte Emudieb war zu Deegeenbojah, dem räuberischen Honigfresservogel, geworden, der seither den süßen Nektar der Blüten trinkt und den Honig aus den Nestern der wilden Bienen stiehlt.

Die verschwundenen Jäger

❀❀❀❀❀❀❀❀❀

Angst und Trauer waren eingekehrt in die Hütten des Stammes, der sein Lager am Fuß einer langgestreckten Hügelkette aufgeschlagen hatte. Kein Tag verging, ohne daß nicht einer der Männer auf der Jagd spurlos verschwand und seine Angehörigen in Ungewißheit und Verzweiflung zurückließ.

»Vater, laß mich und meine Brüder endlich aufbrechen und die verschwundenen Jäger suchen«, rief Harrimiah, der Sohn des Burruburran, einer der angesehensten alten Männer des Stammes. »Jeden Tag kehrt einer weniger ins Lager zurück, und die Frauen fürchten sich schon, im Busch auf Nahrungssuche zu gehen. Du bist noch gut bei Kräften und kannst die Beutelratten, Flughörnchen und Beuteldachse, die unsere Mutter so gerne ißt, auch alleine jagen. Vor uns liegt die offene Steppe, in der sich kein Feind lange versteckt, aber vielleicht lauert das Verhängnis jenseits dieser Berge.«

Voller Sorge betrachtete Burruburran seinen ältesten Sohn, denn er ahnte, daß ihm große Gefahren bevorstanden. Harrimiah war ein stolzer junger Krieger und einer der besten Jäger und Fischer des ganzen Stammes. Geschickt konnte er mit dem Steinbeil die langen Speere aus den Zweigen des Eukalyptusbaums schlagen, deren Spitzen in der Glut des Feuers gehärtet wurden. Auch beim Nähen von Decken aus dem weichen Fell der Beutelratte bewies er eine Fertigkeit, und selbst in der schwierigen Herstellung von hölzernen Schüsseln, Beilklingen und steinernen Speerspitzen stand Harrimiah keinem der erfahrenen Männer nach.

Die ganze Nacht hindurch tagte der Rat der Alten, bis schließlich am frühen Morgen die Entscheidung gefallen war. Harrimiah und seine Brüder erhielten die Erlaubnis zum Aufbruch und verließen wenig später das Lager.

Die jungen Männer überquerten die Berge und sahen am zweiten Tag ein weites, offenes Land zu ihren Füßen liegen. Viele Tage lang durchstreiften sie dieses Gebiet, das sich endlos weit auszudehnen schien. Ihr Weg führte durch dichtes Gestrüpp und über steinige Ebenen mit flachen runden Tümpeln, an deren klarem Wasser sie ihren Durst stillten. Am größten und tiefsten dieser Wasserlöcher bemerkten die Brüder eine Hütte aus Rinde und Zweigen, die sie wegen ihrer Größe zuerst für einen Felshügel gehalten hatten. Als sie sich vorsichtig näherten, kam ihnen über die Steppe ein hochgewachsener Mann entgegen.

Er schien schon sehr alt zu sein, war aber groß und stark gebaut und hatte einen grimmigen Gesichtsausdruck, der etwas Unheimliches ausstrahlte. Auf seinem Rücken trug der Unbekannte einen dicken Baumstamm, den er krachend vor den jungen Männern auf die Erde warf und sie aufforderte, ihm zu helfen. In dem hohlen Stamm hatte der Alte einen fetten Beuteldachs gefangen, aber seine Hände waren zu groß, um hineinzugreifen und das Tier herauszuziehen.

»Macht schnell und holt ihn heraus«, drängte er, »dann gehen wir in mein Lager und rösten das Fleisch über dem Feuer. Beeilt euch, denn ich bin sehr hungrig und habe seit Tagen kein gebratenes Fleisch mehr gegessen.«

Während der Mann dies sagte, starrte er die jungen Krieger mit finsteren Blicken an, in denen ein düsteres Feuer flackerte.

Die Brüder ließen ihn nicht aus den Augen, dann sagte Harrimiah: »Ich weiß, daß du voller Heimtücke bist und Böses im Schilde führst. Warum steckst du deine Hand nicht selbst in den Stamm?«

»Aber ihr seht doch, daß sie zu groß ist«, beteuerte der unheimliche Fremde, »warum hätte ich sonst auf euch gewartet?«

Unterdessen hatte sein Gesicht einen immer tückischeren Ausdruck angenommen, und die Männer waren überzeugt, daß er sie in eine Falle zu locken versuchte.

»Hinterhältiger Mörder!« rief Harrimiah. »Du bist es, der unsere Jäger getötet hat. Wenn du nicht sofort einen Stock nimmst und den Dachs heraustreibst, werden dich auf der Stelle unsere Speere durchbohren.«

Widerwillig nahm der finstere Alte einen Zweig vom Boden auf und stocherte damit in dem hohlen Baumstamm herum. Da hörten die Brüder plötzlich ein giftiges Zischen, und aus dem Stamm schoß eine riesige, zweiköpfige Schlange hervor, die sich mit weit aufgerissenem Rachen auf sie stürzte.

»Elende Gehilfin des verfluchten Mörders, für immer sollst du deine Macht über die Menschen verlieren«, rief Perindi, der Jüngste, und trennte mit einem gewaltigen Hieb des scharfkantigen Bumerangs den einen Kopf des Ungeheuers vom Rumpf. »Von nun an sollst du nur noch einen Kopf haben, und ein einziger Schlag wird genügen, deinem jämmerlichen Leben ein Ende zu setzen.«

In diesem Augenblick aber erhielt die Schlange ihre heutige Gestalt. Von Schmach und Schande über ihre Verwandlung erfüllt, glitt sie rasch zwischen den Steinen davon.

Als der Unbekannte sah, daß er gegen diese mächtigen Gegner nichts auszurichten vermochte, versuchte er es mit einer List: »Ich habe zwei schöne junge Frauen in meiner Hütte«, sagte er schmeichelnd. »Kommt mit mir, seid meine Freunde, und ihr werdet glücklich sein.«

Die Gefährten aber waren entschlossen, ihren Feind zu vernichten. Speere und Bumerangs prasselten auf ihn herab, und als er röchelnd zu Boden sank, zerschmetterte ihm ein wuchtiger Schlag mit der Handkeule den Schädel.

Vor der Behausung des Alten wurden die Brüder von zwei hübschen jungen Frauen empfangen, die sich eifrig für ihre Befreiung bedankten. Dann führten sie die erstaunten Retter in einen Raum, der größer und höher war als alle Hütten, die sie jemals gesehen hatten. Entlang der Wände türmten sich Berge von abgenagten Knochen, und in den Ecken verwesten die Köpfe der unglücklichen Opfer, die der Menschenfresser gebraten und verschlungen hatte. Da die Frauen nicht wußten, ob das Ungeheuer auch die eigenen Stammesgenossen hierher verschleppt hatte, schickte Harrimiah die beiden ins Lager ihrer Eltern zurück und machte sich mit seinen Brüdern von neuem auf die Suche.

Am Ende einer langen, mühevollen Wanderung sahen sie schließlich zu ihrer Freude einen großen See, dessen klares Wasser in der Sonne glänzte. Das Ufer war von hohem Buschwerk umsäumt, und dicht am Wasser ragte ein mächtiger Baum empor, in dessen Schatten die Erschöpften sich ausruhen und ihren Durst stillen wollten. Als sie näher kamen, drang eine süße, liebliche Stimme an ihr Ohr: »Klettert herauf, ihr Männer. Hier oben weht ein kühler erfrischender Wind, und ein weiches Lager aus frischen Binsen wartet auf euch.«

Erstaunt schauten die müden Wanderer auf und sahen hoch oben in der Baumkrone eine schöne Frau auf einem Ast liegen, die einen verlockenden Anblick bot. Da schlug ihnen plötzlich ein übler Gestank von verwesenden Tierkadavern entgegen, der ihnen fast den Atem raubte. Als sie sich umblickten, machten die Brüder eine grauenvolle Entdeckung, die sie wie vom Blitz getroffen zurückfahren ließ. Auf dem Grund des Wassers lagen die aufgedunsenen Leichen vieler Menschen, die im See ertränkt worden waren.

Die Gefährten standen ganz starr vor Entsetzen, dann

wurde ihnen klar, daß hoch oben in den Zweigen ein mör-
derisches Ungeheuer auf sie lauerte. Perindi nahm den
Schaft seiner Keule zwischen die Zähne und schickte sich
an, den Baum zu erklettern. Vergeblich versuchte Harrimiah, ihn von dem gefährlichen Vorhaben abzubringen:
»Bleib zurück, Perindi«, rief er, »sie will dich nur in ihre
Falle locken. Laß uns einen anderen Plan ausdenken, wie
wir dieses Scheusal vernichten.«
Perindi aber starrte ihn mit funkelnden Augen an: »Du
siehst doch, daß alle unsere verschwundenen Jäger unter
den Ermordeten liegen«, antwortete er. »Versuche nicht,
mich zurückzuhalten.« Flink wie eine Beutelratte kletterte
Perindi von Ast zu Ast, sein junges Gesicht vor Haß und
Wut verzerrt. Wohlgefällig hefteten sich die Blicke der
schrecklichen Frau auf die schlanke Gestalt des Verfolgers,
der ihr langsam immer näher kam. Dichte schwarze Lok-
ken fielen über seine Schultern, aus dem sehnigen Körper
traten die angespannten Muskeln hervor. Einen Augenblick lang bedauerte sie, auch ihn töten zu müssen, denn in
ihrem versteinerten Herzen regte sich der Wunsch, diesen
Mann zu verschonen und für sich zu gewinnen.
Jetzt hatte Perindi hoch oben im schwankenden Baum-
wipfel den Ast der Mörderin erreicht. Da richtete sich die
Frau, die bisher reglos und mit einladendem Lächeln da-
gelegen hatte, plötzlich auf, stieß einen schrillen, mark-
erschütternden Schrei aus und versuchte, ihn mit einem
heftigen Fußtritt in die Tiefe zu stoßen. Perindi, der seine
Todfeindin die ganze Zeit nicht aus den Augen gelassen
hatte, wich geschickt aus und schmetterte ihr mit einem
wuchtigen Schlag die Handkeule gegen die Stirn. Dann
packte er die Besinnungslose bei den Schultern und warf
sie kopfüber in den aufspritzenden See. Dort sank sie auf
den Grund hinab und fand inmitten der verwesenden
Körper ihrer Opfer ein verdientes Ende.
Langsam stieg der Rächer vom Baum herab, und die Brü-

der traten den Heimweg an, gebeugt vor Trauer und Schmerz über den schrecklichen Tod ihrer Stammesgenossen. Manche von ihnen waren junge Krieger wie sie selbst und die Spielkameraden der Kindheit, andere weißhaarige alte Männer, denen sie alles verdankten, was sie im Leben gelernt hatten.

Schweigend marschierten die Gefährten, bis sich die Abenddämmerung herabsenkte, und verbrachten die Nacht unter einem schützenden Baum. Am nächsten Morgen dachte kaum einer daran, daß sie seit gestern nichts gegessen und getrunken hatten. So setzten sie ihre Wanderung fort, erbeuteten unterwegs zwei magere Flughörnchen, konnten aber noch immer kein Wasserloch finden. Am Ende des dritten Tages erreichten die erschöpften Männer schließlich eine langgestreckte Hügelkette, zu deren Füßen eine frische Quelle aus dem Felsen sprudelte. Gierig tranken sie von dem kühlen Wasser, und als sie aufblickten, sahen sie plötzlich ihre vertrauten Berge vor sich.

Voll neuer Hoffnung machten sich die Brüder noch vor Einbruch der Dunkelheit wieder auf den Weg, und schon bald leuchtete der Schein der heimischen Lagerfeuer vor ihnen über die Steppe.

Mit Tränen in den Augen begrüßte der alte Burruburran seine Söhne, aber in die Wiedersehensfreude mischte sich der Schmerz über das Schicksal der ermordeten Stammesgenossen. Viele Tage und Nächte lang ertönten die Totenklagen der Angehörigen im Lager, und die Frauen bedeckten die kahlgeschorenen Köpfe mit weißem Ton, um ihre Trauer zu bezeugen.

Die Tapferkeit Harrimiahs und seiner Brüder aber wurde noch lange an den Lagerfeuern der Stämme gerühmt, und die alten Männer erzählten ihre Geschichte zur Belehrung der jungen Krieger.

Der Bunjip

❀❀❀❀❀❀❀❀❀❀

An einem schönen Sommertag streifte ein Trupp Jäger durch die lichten Kiefernwälder und grasigen Ebenen. Unterwegs sprachen alle erwartungsvoll von der bevorstehenden Jagd und warfen in ausgelassenem Wettkampf ihre Speere, denn jeder wollte den anderen seine Geschicklichkeit beweisen. So kamen sie schließlich an einen breiten Flußlauf, der zu dieser Jahreszeit aus trüben, von Schilfpflanzen umsäumten Tümpeln bestand. Am Ufer wuchsen Cumbuungis, mannshohe Binsenkräuter, deren weiche, wohlschmeckende Wurzelknollen die jungen Krieger sogleich auszugraben begannen.

»Wollt ihr euch zum Gespött der alten Männer machen und Frauenarbeit verrichten?« rief Unahanach, der große Emujäger. »Laßt uns lieber die fetten Aale und Schwarzfische fangen.«

Beschämt pflichteten die Begleiter seinem Vorschlag bei und trafen die nötigen Vorbereitungen. An langen Leinen aus weichen Rindenfasern wurden knöcherne Angelhaken befestigt, mit Würmern geködert und im offenen Wasser ausgeworfen. Nur Unahanach spießte, von den Gefährten unbemerkt, ein Stück rohes Fleisch auf den spitzen Känguruhknochen.

Die Zeit verging, aber nicht ein einziger Fisch hatte angebissen. Ringsumher wurde es still, und die Männer starrten auf die dunkle, reglose Wasseroberfläche hinaus. Je näher der Abend rückte, desto mehr wuchs ihre Unruhe, denn keiner wollte mit leeren Händen vor die hungrigen Stammesbrüder treten.

Da spürte Unahanach plötzlich einen heftigen Ruck an der Leine. Angestrengt umklammerte er die zum Zerreißen gespannte Schnur und stemmte die Beine fest gegen den Boden. Sogleich stürzten die anderen Jäger herbei, und unter Aufbietung aller Kräfte zogen sie schließlich den schweren Fang an Land. Am schlammigen Ufer zappelte ein seehundähnliches Wesen, das mit dem langen breiten Schwanz wild um sich schlug und gellende Klagerufe ausstieß.

Während die Männer noch fassungslos dastanden, zischte und brodelte auf der gegenüberliegenden Seite des Tümpels das Wasser, und aus der Tiefe stieg ein gewaltiges Tier empor. Zottige, pechschwarze Haare bedeckten den massigen Körper, der in einen starken, schuppigen Schwanz auslief und von mächtigen Flossen an der Oberfläche gehalten wurde. Zu ihrem Entsetzen erkannten die Fischer, daß sie das Kind des Bunjip, des schrecklichen Beherrschers der Seen und Sümpfe, gefangen hatten. Inständig drangen die Gefährten auf Unahanach ein, die gefährliche Beute wieder freizulassen, denn noch verharrte das Ungeheuer unschlüssig am anderen Ufer. Nur seine feurigen Augen, die wie glühende Kohlen brannten, starrten zu ihnen herüber.

»Habt keine Angst vor diesem Koloß«, spottete der Übermütige. »Meine zukünftige Frau soll das fette Kalb zum Geschenk erhalten, und die Kinder unseres Stammes werden damit spielen.«

Dann zerrte er das zappelnde Junge vollends an Land und schleppte es hinter sich her. Auf das zornige Gebrüll der Mutter lachte er nur höhnisch und schwang drohend den langen Speer. Unahanachs stolzes Gebaren flößte auch den Gefährten neuen Mut ein. Im Triumphzug trugen sie den seltsamen Fang davon, da drang plötzlich ein lautes Rauschen an ihre Ohren. Die Männer wandten sich um und standen alle ganz starr vor Schreck.

Im sumpfigen Tümpel peitschte die Bunjipmutter mit mächtigen Flossen das Wasser zu schäumenden Wogen auf, die über das Ufer traten und hinter den Männern herströmten.

»Lauft, lauft«, schrie Unahanach, packte seine Beute und hastete durch das breite Flußtal dem höhergelegenen Lager entgegen.

Als die Jäger schwer atmend die ersten Hügel erreichten, bot sich ihnen ein unheimlicher Anblick. Ringsumher bedeckte ein dunkler See das weite Land. Die niedrigen Kiefern waren verschwunden, ganze Wälder mit ihrem dichten Blätterdach kräuselten ein letztes Mal die stetig steigende Wasserfläche, und selbst die höchsten Eukalyptusbäume ragten nur noch wie kümmerliche Gräser aus der Flut.

Noch ahnte niemand im Lager etwas von der drohenden Gefahr. Fröhlich schwatzend saßen die alten Frauen beisammen, und zwischen den Zweighütten spielten die kleinen Kinder im Sand. Die Ankunft der völlig erschöpften Jäger löste daher große Aufregung aus. Von allen Seiten liefen die Stammesleute herbei und bestürmten die Ankömmlinge mit neugierigen Fragen.

Kaum aber hatte Unahanach den jungen Bunjip keuchend zur Erde geworfen, verstummte das laute Geschwätz, und eine lähmende Stille trat ein. In tiefer Bestürzung dachten die weißhaarigen Männer an die uralten Geschichten, die von den schrecklichen Taten des Sumpfungeheuers berichteten. Und jeder ahnte, daß es keine Rettung mehr gab.

»Das Wasser kommt, das Wasser kommt«, unterbrachen plötzlich angstvolle Rufe das Schweigen. Schon umspülte die wachsende Flut den Lagerplatz. Immer enger drängten sich die entsetzten Menschen zusammen. Mütter umklammerten ihre Kinder, Männer ihre Frauen, und alle hofften sie noch, dem Verhängnis schwimmend zu entgehen. Auch Unahanach hielt die geliebte Gunawarra-good fest in den Armen und versuchte, das zitternde Mädchen zu beruhigen. Hastig schaute er sich um, doch die rauschenden Wogen hatten bereits jede Fluchtmöglichkeit vereitelt. Da fiel sein Blick auf den riesenhaften Eukalyptus in einiger Entfernung vom Lager:

»Hab keine Angst«, flüsterte er. »Wir werden uns bis zu dem Baum durchkämpfen. Niemand kann so gut klettern wie ich, dann sind wir in Sicherheit.«

Unahanach spürte das kalte Wasser an den Füßen, blickte zu Boden und stieß einen Schreckensschrei aus. Sein kräftiger Körper war zusammengeschrumpft, und aus dünnen Beinen wuchsen lange, durch Schwimmhäute verbundene Zehen hervor. In höchster Verwirrung wandte er sich nach Gunawarragood um und prallte entsetzt zurück. Neben ihm stand ein mächtiger Vogel, reckte den langen geschwungenen Hals und spreizte das tiefdunkle Gefieder. Ringsumher bevölkerten große schwarze Vögel das Lager. Unahanach fuhr sich mit der Hand über die Stirn, um den bösen Traum zu vertreiben. Doch Flügel waren bereits anstelle seiner Arme gewachsen, und der Klageruf des jungen Kriegers erstarb in einem heiseren Krächzen.

Immer höher stieg die Flut. Unahanach fühlte, wie er emporgehoben wurde und auf den schwankenden Wogen trieb. Aus seinen breiten Schultern wuchs ein gebogener Hals mit leuchtendrotem Schnabel, das Spiegelbild des Wassers zeigte ihm, daß er zu einem schwarzen Schwan geworden war.

In ihrem Zorn verwandelte die Bunjipmutter den ganzen Stamm in Trauerschwäne, und keiner erlangte jemals wieder die menschliche Gestalt zurück.

Die schwarzen Schwäne aber sind stets anders als gewöhnliche Schwäne gewesen. Wenn sie in hellen Mondnächten rauschend durch die Lüfte ziehen, hört man sie laut miteinander reden. Auch in der Nähe ihrer Wohnplätze an

Seen und Tümpeln ist ganz deutlich das Schwatzen und Lachen von Frauen zu vernehmen. Da die dunklen Vögel jedoch nicht die Sprache der Menschen sprechen, weiß niemand, ob sie von ihrem großen Unglück erzählen. Schon oft wurden einsame Jäger von den geheimnisvollen Stimmen ins Verderben gelockt und mußten jämmerlich ertrinken.

Die alte Bunjipmutter nahm ihr Kind wieder zu sich, und auch das Wasser wich ins Tal zurück, wo es einen großen dunklen See bildete. Dort wurde das Ungeheuer zwar manchmal am Ufer gesehen, aber nur noch selten verließ sie ihren Wohnsitz in der Tiefe, denn sie drohte, jeden zu verschlingen, der zu nahe an das Wasser kam.

Der Hinterhalt

❀❀❀❀❀❀❀❀❀❀

Giringir verbreitete Angst und Schrecken unter den Tieren. Er hatte Kopf und Körper eines Beutelmarders, seine Arme und Beine aber waren wie die eines Menschen geformt. Giringir beschlich seine Opfer im Dunkel der Nacht, tötete sie mit dem Speer und saugte ihnen das Blut aus.

Emu und Känguruh brachen auf, um das Ungeheuer im Zweikampf zu stellen, doch beide fand man hinterher tot im Busch. Als Giringir eines Tages die ganze junge Brut der Eule aufgefressen hatte, rief ihre Schwägerin, die Krähe, eine große Versammlung zusammen. Vögel und Vierbeiner, Schlangen und Eidechsen berieten sich miteinander. Es wurde beschlossen, daß Eule und Krähe, die für ihre Klugheit bekannt waren, der Sache ein Ende machen sollten.

»Laßt Rauchzeichen aufsteigen«, befahl die Krähe. »Alle Wasserlöcher im Umkreis von zwei Tagesmärschen müssen streng bewacht werden. Nur die Wasserstelle östlich von hier bleibt frei. Niemand darf sich dort in der Nähe aufhalten.«

Im Schein der Lagerfeuer sangen die Versammelten die alten Kriegslieder. Eule und Krähe führten den Rächertanz auf. Am nächsten Morgen bezogen die beiden ihre Posten am östlichen Wasserloch. Sie zählten vierzig Schritte nach Norden und Süden ab, so daß sie einander genau gegenüber zu stehen kamen.

An diesem Tag brannte die Hitze wie Feuer, und ein heftiger Sandsturm fegte über die Ebene. Gegen Abend näherte sich Giringir, um seinen Durst zu stillen. Mißtrauisch hielt er dabei die Nase in den Wind und warf argwöhnische Blicke nach allen Seiten.

Als er einen Augenblick innehielt, um sich über das Wasser zu beugen, war es soweit. Eule und Krähe schleuderten ihre Speere, die Giringir durch Brust und Rücken mitten ins Herz trafen. Sterbend brach er zusammen, die beiden Rächer stürzten herbei und stießen ihre Waffen immer wieder in den Leib des verhaßten Ungeheuers, dessen Blut nun den sandigen Boden tränkte. Nach Sonnenuntergang zündeten sie ein Feuer an und übergaben den Körper Giringirs den Flammen. Aus dem Feuer aber erhob sich vor ihren Augen ein großer, leuchtender Funke, der zum Himmel emporstieg und unter den Sternen der Milchstraße seinen Platz fand.

Eule und Krähe kehrten ins Lager zurück, um ihren Sieg zu melden. Am nächsten Tag kamen alle an dem Ort zusammen, wo das Ungeheuer sein verdientes Ende gefunden hatte. Dabei machten sie eine sonderbare Entdeckung. Die Blutflecken auf der Erde waren noch ganz deutlich zu sehen. Genau von dieser Stelle weg aber führte eine Fußspur in den Busch, die niemand zu deuten wußte. Man nahm die Fährte auf und kreiste schließlich ein kleines Tier ein. Ein Tier mit Krallen, scharfen Zähnen und hellen Flecken auf dem dunklen Fell. Da erkannten die Verfolger, daß aus dem gefürchteten Giringir der scheue, harmlose Beutelmarder geworden war, der sich von Insekten, Eidechsen und kleinen Vögeln ernährt.

Geister aus dem Dunkeln

❀❀❀❀❀❀❀❀❀❀

Tief unten im Schoß der Erde liegt eine ungeheure Höhle verborgen. Hier hausen seit ewigen Zeiten viele böse Wesen, die auf die Welt kommen, um den Menschen Unheil zu bringen. Der Eingang zu dieser Höhle, der durch ineinander verknotete Baumwurzeln verdeckt wird, heißt Tatara und befindet sich im fernen Westen. Die unheimlichen Wesen selbst sind von verschiedenartiger Gestalt, und jedes von ihnen hat einen eigenen Namen.

Die Kokolura gleichen riesigen Hunden, die im brausenden Westwind daherjagen. Sie haben Menschenkörper und Känguruhbeine, unförmige längliche Ohren und furchterregende, messerscharfe Zähne. Am Kinn und auf der Nase wachsen ihnen dünne, strähnige Borsten, der Rücken ist weißbehaart, der Bauch hingegen von roten Flecken übersät. Die alten Kokolura bleiben im unterirdischen Wohnsitz und bewachen den Eingang, die jungen aber streifen nachts in der Nähe der Lagerplätze umher. Dort lauern sie einsamen Menschen auf, reißen sie in Stücke und verzehren ihre Seele. Manchmal werden die Kokolura auch von den Ratapa begleitet, die in den Leib schwangerer Frauen eindringen. Daher suchen diese stets unter lautem Geschrei Schutz vor dem heraufziehenden Sturm. Hat sich ein Ratapa im Schoß der zukünftigen Mutter eingenistet, so wird er gleich nach der Geburt getötet, denn es ist immer der erstgeborene von einem Zwilling.

Die Margaparras, große schwarze Vögel mit gewaltigen Klauen, menschenähnlichem Gesicht und langem Haar fliegen in den sengenden Glutwinden durch die Lüfte. Tagsüber ruhen sie sich auf hohen Bäumen oder Felsen aus, in der Nacht aber stehlen sie Seele, Leber und Nieren aus den Leibern der schlafenden Kinder. Diese werden dann sehr krank und sterben bereits nach wenigen Tagen. Das geflügelte Ungeheuer trägt die Beute zurück in seine dunkle Behausung. Dort legt es die Seele auf eine Unterlage aus Baumzweigen, erschlägt sie mit einem Stock und verschlingt sie ebenso wie Leber und Nieren seines Opfers.

Aus dem fernen Norden kommen die Tjimbarkna, unheimliche Frauen, die gebleichte Knochen im langen geflochtenen Haar tragen. Unter langgezogenen Klagerufen nähern sie sich dem ahnungslosen Menschen, umwickeln seine Seele fest mit unsichtbarem Garn und verschwinden wieder. In einem Versteck führen sie dann den Frauentanz auf, wobei alle ihre flachen Holzschüsseln gleichmäßig auf und ab bewegen. Das Opfer wird augenblicklich krank und magert zusehends ab. In der nächsten Nacht erscheinen die Tjimbarkna wieder und ziehen ganz schwach an der Schnur, woraufhin sich der Kranke erhebt und langsam umhergeht. Am dritten Abend schließlich zerren sie ruckartig daran, und der Tod tritt ein. Die Zauberer geben zwar vor, den unsichtbaren Faden zu sehen, doch keine Beschwörung vermag die Seele aus ihrer tödlichen Umklammerung zu befreien. Im Wind, der von Norden her über das Land fegt, reisen auch zwei magere, weiße Wesen in Emugestalt. Manchmal wandern sie unter der Erde, aber immer wieder steigen sie empor, und aus ihrem Auswurf erwächst ein loderndes, alles verheerendes Feuer.

Schauerliche Geschöpfe, die in den Körper des Menschen eindringen, sind die Imararinja. So groß wie Fledermäuse und von grüner Behaarung nagen sie ihren Weg bis zum Herz des Opfers, das sogleich zu erbrechen beginnt. Hier kann der Wirrinun helfen, indem er den Leib des Kranken befühlt und den Mund an die schmerzende Stelle setzt. Dann saugt er die Imararinja heraus, reißt sie in Stücke und verzehrt sie vor aller Augen.

Auf dem heulenden Südsturm reiten die furchterregenden Imbarka, riesenhafte Tausendfüßler mit zangenartigen Zehen und scharfen, spitzen Zähnen. Wenn sie einen Menschen ins Bein beißen, schwillt der ganze Körper unförmig an. Wer dreimal nacheinander von demselben Tausendfüßler gebissen wurde, ist fest überzeugt, daß er sterben muß, weil sich hinter dem gewöhnlichen Käfer ein böser Imbarka verbirgt. Mit dem südlichen Wind kommt auch eine grüne, giftige Schlange, die strähnige Kopf- und Barthaare trägt und Tjitara, der Kleinköpfige, genannt wird. Dieses Untier durchbohrt den Unterleib, verschlingt die Eingeweide und tötet so seine Opfer. Zum Schutz gegen Tjitara verbieten die Erwachsenen den kleinen Kindern, bei einsetzendem Wind im Freien zu spielen, und stecken sich Zweige in den Hüftgürtel.

Als Gefährte des tobenden Wirbelsturms schließlich rast Rubaruba mit dem dicken Kopf nach unten über die Steppe, während seine langen Haare dicke Staubwolken gen Himmel peitschen. Aus dem dünnen Leib ragen spindeldürre Arme und Beine hervor, die knöchrigen Finger und Zehen sind von scharfen Nägeln besetzt, im weitaufgerissenen Rachen blitzen mächtige Fangzähne.

Andere Ungeheuer schleichen in menschlicher Gestalt umher und werden Ikarinjatua genannt, weil sie unter Steinen und Felsplatten hausen. Sie haben große runde Ohren, aufwärtsgebogene Nasen und krumme Beine.

So gibt es noch viele furchterregende Wesen, die im dunklen Innern der Erde hausen und die Menschen heimsuchen, um ihnen Unheil zu bringen. Niemand aber hat sie bis jetzt alle gesehen, und kein Sterblicher kennt ihre genaue Gestalt.

Das große Wasser

❀❀❀❀❀❀❀❀❀❀

Seit vielen Tagen schon zog Wurrunnah umher und hatte nun Nindeeggolee erreicht, den Ort, wo sich die hohen Sanddünen ausbreiten. Müde und hungrig war er gerade damit beschäftigt, das Nachtlager am Rand eines Wasserlochs herzurichten, als er erschrocken zurückfuhr. Durch die hereinbrechende Abenddämmerung kam ein seltsames Wesen auf ihn zu. Den Körper und Kopf von Hundegestalt, aber mit zierlichen Frauenfüßen und einem langen buschigen Schwanz. Das Untier setzte in hohen Sprüngen über den Boden und stieß dabei sonderbare Zischlaute zwischen den wulstigen Lippen hervor.

»Ein Earmoonan«, murmelte Wurrunnah, sobald das furchterregende Geschöpf näher heran war. »Ein Nachkomme der reißenden Hündin, die der große Baiame auf der Erde zurückgelassen hat.«

Wurrunnah ergriff Schild und Speer und stellte sich abwehrbereit hinter das flackernde Kochfeuer, ohne den unheimlichen Gegner aus den Augen zu lassen.

»Sag mir, wo dein früherer Gebieter ist«, rief er, in der Hoffnung, etwas über den geheimnisvollen Aufenthaltsort des mächtigen Zauberers in Erfahrung zu bringen.

Gespannt wartete der Frager auf eine Antwort, doch aus dem Maul des Earmoonan ertönte das gleiche unverständliche Zischen.

»Hat er die Welt der Menschen für immer verlassen?« fuhr Wurrunnah fort.

Wieder waren nur die eigentümlichen Laute des Ungeheuers zu hören, da packte den neugierigen Krieger die Wut:

»Scher dich hinweg«, schrie er zornig und schwang drohend den langen, mit einem knöchernen Widerhaken versehenen Speer: »Du wirst mir gewiß nichts von Baiame berichten.«

Voller Entsetzen wich der Earmoonan zurück, öffnete den zähnestarrenden Rachen zu einem heiseren Brüllen und sprang in weiten Sätzen davon. Zwischen den Dünen verkroch er sich in eine riesige unterirdische Höhle, wo er und seine Brut arglose Wanderer gefangenhalten und über dem Feuer braten. Nichts aber vermag ihn so zu erschrecken wie der Name Baiames.

Fest entschlossen, dem gefährlichen Untier kein zweites Mal zu begegnen, brach Wurrunnah noch in derselben Nacht das Lager wieder ab und zog weiter. Am Ende einer langen Wanderung kam er schließlich nach Doogoonherb, das an der Küste liegt. Vor seinen erstaunten Augen erstreckte sich das endlose Meer, größer und weiter als alle Seen, die er jemals gesehen hatte. Durstig geworden, tauchte Wurrunnah die Bingue, eine kleine flache Holzschüssel, in die heranrollende Brandung, um etwas Wasser zu schöpfen:

»Budta, Budta, Salz, Salz«, murmelte er ganz verblüfft, denn bevor ihm der eigenartige Geschmack aufgefallen war, hatte er bereits einen Mundvoll der klaren Flüssigkeit hinuntergeschluckt. Den Rest spuckte er in hohem Bogen wieder aus. Da Wurrunnah die weiße Gischt der Wellen für das Salz hielt, strich er den flockigen Schaum behutsam beiseite und kostete noch einmal, doch mit gleichem Ergebnis. Bald hatte er sich von der Ungenießbarkeit des Wassers überzeugt und beschloß, zu dem ein Stück landeinwärts gelegenen Tümpel zurückzukehren, um dort den quälenden Durst zu löschen. Nachdenklich schweifte sein scharfer Blick über die grenzenlose, wogende Fläche:

»Ein seltsames Flutwasser, das von keinem Baum oder

Busch überragt wird«, dachte er. »Es sieht aus wie Goona-gulla, der blaue Himmel mit kleinen weißen Wolken. Doch wenn die Wolken durch die Lüfte ziehen, verharrt Goonagulla in Ruhe, hier aber ist alles in Bewegung, und ein solches Wasser hat gewiß noch kein Mensch jemals getrunken.«

Voller Verwunderung schüttelte Wurrunnah den Kopf und lief zu dem Tümpel zurück. Unterwegs erlegte er zwei Beutelratten, zog ihnen das Fell ab und säuberte die Häute sorgfältig mit dem Steinmesser von Fleischresten. Dann nähte er die Felle mit Sehnen und Knochennadel zu Wassersäcken zusammen, benutzte eine starke Schnur zum Verschließen der Halsöffnung und ließ die feuchten Beutel in der Sonne trocknen.

Die Nacht verbrachte Wurrunnah etwas entfernt vom Strand, aber inzwischen war ein starker Wind aufgekommen, und ein unerklärliches Grollen störte den Schlaf des müden Wanderers. Am nächsten Morgen erkletterte er einen hohen Baum und suchte den fernen Horizont nach Land ab, doch so angestrengt er auch schaute und spähte, ringsumher dehnte sich nur die von Sturmböen aufgewühlte dunkle See.

»Dies ist gewiß die Heimat Doolooais des Donners und der heulenden Wirbelwinde«, dachte Wurrunnah und lauschte dem mächtigen Dröhnen der Brandung. »Ihre Stimme habe ich letzte Nacht gehört.«

Vor seinen Augen schwoll die ungeheure Wasserflut, und eine starke Dünung warf die schäumenden Wogen krachend gegen den Strand, wo sie zusammenstürzten und wieder zurückwichen, nur um von neuem mit zornigem Gebrüll gegen das Land anzustürmen.

»Das sind die Wundah, die bösen Teufel, die mich ins Verderben reißen wollen«, murmelte Wurrunnah und flüchtete vor dem tobenden Unwetter zu seinem Lagerplatz. Am darauffolgenden Tag hatte sich die stürmische See wieder beruhigt, und bald kräuselte nur noch eine sanfte Brise das grenzenlose, in den hellen Strahlen der Morgensonne glänzende Meer.

Unten am Strand füllte der einsame Mann das salzige Wasser in die zwei Fellsäcke und vergaß auch nicht, einige angeschwemmte Muschelschalen mitzunehmen, um die Stammesbrüder von der Wahrheit seiner Entdeckung zu überzeugen. Auf dem Rückweg traf Wurrunnah einen alten Zauberer, und als die beiden bei anbrechender Dunkelheit am knisternden Lagerfeuer saßen, fragte er: »Hast du auch schon von dem seltsamen Wasser gehört, das salzig schmeckt und eine drohende Stimme besitzt?« Der Alte nahm einen Schluck, spuckte ihn in hohem Bogen wieder aus und starrte lange Zeit schweigend vor sich hin.

»Von den Vorvätern wird uns überliefert«, begann er bedächtig, »daß jenseits der Berge ein gewaltiges Wasser liegt, weiter als das Auge reicht und größer als alle Ebenen des Landes zusammen. Unheimlich und gefahrvoll ist dieses Wasser, denn mit schäumendem Maul verfolgt die gierige Flut den Menschen bis über das Ufer und brüllt vor rasendem Zorn, wenn ihr die Beute entgeht. In der dunklen Tiefe aber hausen viele furchterregende Ungeheuer, grausamer noch und bösartiger als Kurreah, das heimtückische Krokodil. Bist du solchen Wesen auch begegnet?« »Wasser und nichts als salziges Wasser habe ich gesehen«, antwortete Wurrunnah. »Aber das dumpfe Dröhnen rührte gewiß von den Stimmen der Ungeheuer her, die den Wogen befahlen, mich ins Verderben zu reißen, und die zornig grollten, weil ihnen dies nicht gelang. Ich will zu meinen Brüdern eilen und berichten, was ich erlebt habe.« Am nächsten Morgen gab er dem alten Mann etwas von dem Salzwasser sowie einige Muschelschalen und machte sich wieder auf den Weg.

Um diese Muscheln aber entbrannte bald ein blutiger

Kampf zwischen den Stämmen, und bei den großen Tanzfesten trug sie der mächtigste Zauberer am Hals. Nach langer Zeit schließlich verbarg ein schlauer Wirrinun den kostbaren Besitz in seinem Minggah oder Geisterbaum und nahm sein Geheimnis mit ins Grab, als er starb. So kommt es, daß auch heute noch viele Menschen nach den seltsam geformten Schalen suchen, ohne daß irgend jemand ihr wahres Versteck kennt.

Tag um Tag zog Wurrunnah durch das weite Land, oft mußte er neue Wassersäcke machen, weil die alten zu lekken begannen. Trotzdem reichte der Vorrat, bis er in Nerangledool, dem Wohnplatz seines Stammes, ankam. Mit ungläubigem Staunen hörten die erfahrenen alten Männer ihm zu und schüttelten voller Verwunderung die weißhaarigen Köpfe. Keiner von ihnen kannte das Land, das Wurrunnah beschrieb, oder konnte sich ein Wasser vorstellen, das größer war als die eigenen Jagdgründe. Jeder Besucher des Lagers wurde vor Wurrunnah geführt, um die sonderbare Geschichte zu hören, und als dieser bald darauf starb, lebte sein Bericht in den Erzählungen der Stammesbrüder fort. Wurrunnahs frühen Tod führte man darauf zurück, daß er sich zu weit von den heimischen Jagdgründen entfernt hatte und ihm aufgrund dieses Verstoßes gegen die Gesetze Baiames kein langes Leben beschieden war.

Seine abenteuerliche Reise aber hatte Wurrunnah zu einem angesehenen und geachteten Mann gemacht. Als er starb, leuchtete ein feuriger Komet über dem nächtlichen Himmel, begleitet von einem lauten, weithin vernehmbaren Donnerschlag. Für die umliegenden Stämme war dies das Zeichen, daß ein mächtiger Geist die Welt der Menschen verließ. Von Generation zu Generation wurde die Geschichte vom großen Wasser überliefert, und auf den Festen des Stammes glänzten die geheimnisvollen Muschelschalen an der Brust der tanzenden Zauberer.

Lange Zeit später, inzwischen waren die weißen Teufel ins

Land gekommen, nahmen junge Stammesleute an einem Viehtrieb zur nördlichen Küste teil. Vor ihren Augen wogte das endlose Wasser, und dumpf dröhnten die Stimmen der mächtigen Seeungeheuer.

»Laßt uns von dem rauschenden Wasser trinken«, schlug der Mutigste vor. »Wenn es nach Salz schmeckt, dann trifft es zu, was die alten Männer erzählen.«

Vorsichtig watete er ein Stück vom Ufer weg, tauchte seine Bingue in die Brandung, und nacheinander führten die Gefährten die kleine flache Holzschüssel zum Mund.

»Wir wollen heimkehren und allen sagen, daß wir von dem großen salzigen Wasser getrunken haben«, rief einer. »Nehmt auch diese seltsamen Muscheln mit, um sie bei den Festen zu tragen.«

Sie kamen zurück, und bald sollten die Stämme erfahren, daß Wurrunnah in längst vergangener Zeit seinem Volk die Wahrheit berichtet hatte.

Wie das Känguruh seinen Schwanz bekam

❀❀❀❀❀❀❀❀❀❀

Mirriam, das graue Riesenkänguruh, und Warrihn, der kurzbeinige Beutelbär, waren einst Menschen und Freunde. Lange schon lebten die beiden miteinander, aber jeder besorgte seine Geschäfte auf seine Weise. Warrihn hatte eine kleine Rindenhütte gebaut, um sich vor Wind und Regen zu schützen, einen Platz, wo er sein Lagerfeuer anzünden und in kalten Nächten warm schlafen konnte. Mirriam hingegen wohnte viel lieber im offenen Busch. Gern lag er des Nachts unter den hohen Bäumen, wenn der Mond durch die Zweige schien und ein kühler Lufthauch ihn umwehte.

Nun gelang es Mirriam zwar manchmal, den behäbigen Gefährten unter den hellen Sternenhimmel zu locken, aber im Grunde war Warrihn nur glücklich, wenn er dicht zusammengerollt in seiner Behausung lag und friedlich schnarchte. Hin und wieder spottete der Känguruhmann ein wenig über diese Angewohnheit, doch ansonsten vertrugen sich die beiden ganz gut und verbrachten einen glücklichen Sommer.

Dann kam der Winter, und in der Dunkelheit fegte ein bitterkalter Wind über das Land. Zitternd kauerte Mirriam in einer flachen Erdmulde und versuchte verzweifelt, sich warmzuhalten. Immer noch war er stolz darauf, dem bösen Wetter zu trotzen, während der ängstliche Beutelbär versteckt unter dem niedrigen Dach seiner muffigen Hütte lag.

Nach einiger Zeit begann es heftig zu regnen. Sturzbäche eisigen Wassers wurden vom Sturm dahergetrieben, die den frierenden Känguruhmann bald bis auf die Knochen durchnäßten. Dichter Hagel prasselte herab, und je heftiger das Unwetter tobte, desto verlockender erschien ihm nun Warrihns enge Behausung. Vor seinen Augen glänzten die glatten Rindenwände im Schein der Flammen, der Raum war erfüllt von der wohligen Wärme des Feuers. Bei dem Gedanken an einen erquickenden Schlaf im Trockenen hielt es Mirriam schließlich einfach nicht mehr aus. Er sprang auf, kämpfte sich durch Wind und Regen bis zur Hütte vor und klopfte.

»Wer ist da?« fragte eine verschlafene Stimme.

»Ich bin es«, rief Mirriam zähneklappernd, »ich bin ganz naß und mir ist kalt. Laß mich hinein.«

»O nein, du kannst unmöglich Mirriam sein«, lachte Warrihn. »Der schläft doch so gern draußen an der frischen Luft. Ich glaube, du machst nur seine Stimme nach, um mich zu täuschen.«

»Hör endlich auf, dich über mich lustig zu machen«, schrie Mirriam ganz erbost. »Es ist kalt, und ich friere.«

»Daran bist du selbst schuld«, antwortete Warrihn. »Ich wollte dir ja helfen, eine eigene Hütte zu bauen. Aber du hast mich ausgelacht und gesagt, es sei dumm, sich vor ein bißchen Wind und Regen zu verkriechen. Außerdem ist hier drin gar kein Platz mehr.«

Ohne ein weiteres Wort zu verlieren, zwängte sich Mirriam durch den schmalen Eingang:

»Das wäre geschafft«, seufzte er. »Rück beiseite, damit ich mich trocknen kann.«

»Du bist naß, und außerdem will ich jetzt weiterschlafen«, knurrte der Beutelbär. »Wenn du schon reinkommen mußt, dann nimm wenigstens nicht auch noch meinen Platz weg. Stell dich an die Wand.«

Unter mißmutigem Gebrummel rollte sich Warrihn vor dem Feuer zusammen und schlief wieder ein. Mirriam hingegen wurde in eine Ecke gedrängt, genau da, wo ein breiter Spalt in der Hüttenwand war. Unablässig tropfte der Regen hinein, und der eisige Wind blies durch das zugige Loch. Wie immer sich der Känguruhmann nun auch drehte und wendete, stets konnte er nur auf der einen Seite trocken werden, denn inzwischen hatte der Regen die andere schon wieder durchnäßt. Warrihn aber schnarchte friedlich neben dem Feuer. Finstere Gedanken kreisten in Mirriams Kopf, während er vor Kälte schlotterte und verzweifelt versuchte, die steifen Glieder zu wärmen.

Als der Morgen dämmerte, humpelte das Känguruh nach draußen, grub einen dicken Felsbrocken aus dem Schlamm und stapfte zur Hütte zurück. Unterdessen erwachte Warrihn, blinzelte verschlafen in die Runde und wunderte sich, daß der Freund so früh am Tag schon auf war. Im nächsten Augenblick stieß er einen Entsetzensschrei aus und fuhr in die Höhe. Doch da war es bereits zu spät. Vor ihm stand Mirriam, holte weit aus und schmetterte den schweren Stein mit solcher Wucht auf seinen rundlichen Kopf, daß die Stirn von dem furchtbaren Schlag ganz plattgequetscht wurde. Blutüberströmt brach der Beutelbär zusammen, und wie aus weiter Ferne drang ein höhnisches Gelächter an sein Ohr:

»Dies ist die Strafe dafür, daß du den treuen Freund so geringgeschätzt hast. Von nun an sollst du auf ewig eine flache Stirn haben und dein Leben einsam in dunklen Höhlen verbringen.«

Seit dieser Zeit wohnte Warrihn ganz allein in seinem Bau, den er mit starken Krallen in die Erde grub. Dem ehemaligen Gefährten aber hatte er bittere Rache geschworen. Sorgfältig schnitzte sich der Beutelbär einen Speer zurecht, befestigte einen Widerhaken an der Spitze und nahm seine Schleuder. Dann verfolgte er Mirriams Spur und lauerte auf eine günstige Gelegenheit.

Er brauchte nicht lange zu warten. Durstig lag der Känguruhmann am Rand eines Wasserlochs und schlürfte so gierig von dem köstlichen Naß, daß alles andere vergessen war. Leise schlich Warrihn näher heran, legte den Speer in die Schleuder, und schnell wie ein Blitz zischte die Waffe durch die Luft und bohrte sich tief in das Hinterteil des ahnungslosen Mirriam. Mit einem gellenden Schmerzensschrei sprang er in die Höhe. Verzweifelt versuchte er, den Speer abzuschütteln, doch alles Ziehen und Zerren half nichts, bis Mirriam schließlich erschöpft aufgeben mußte.

»Als Vergeltung für deinen heimtückischen Überfall hast du jetzt einen Schwanz bekommen«, lachte der Beutelbär hämisch, ehe er sich wieder in seinen Bau trollte.

Das Känguruh aber hat den langen kräftigen Schwanz bis auf den heutigen Tag behalten. Bei seinen weiten Sprüngen steuert es damit, und auch beim Sitzen ist er eine Stütze.

Die kluge Schildkröte

❀❀❀❀❀❀❀❀❀❀

Vor langer Zeit lebten viele Vögel und vierbeinige Tiere in einem tiefen Tal, das von hohen, zerklüfteten Bergen umgeben war.

Als eines Tages die Nahrung knapp wurde, hielten die Tiere eine große Versammlung ab. Alle redeten durcheinander, und keiner wußte Rat. Zu guter Letzt meldete sich die Schildkröte zu Wort. Die anderen spotteten über sie, weil sie so langsam und unansehnlich war. Sie galt als einfältiges Wesen, das die meiste Zeit mit Schlafen verbrachte oder auf jeden Fall immer so schläfrig aussah. Die Schildkröte ließ sich nicht beirren: »Ich schlage vor, daß der Habichtsadler, der Anführer des gefiederten Volkes, über die Berge fliegt und neues Land für uns sucht.«

Ihr Vorschlag wurde angenommen. Der Habichtsadler überquerte das Gebirge und kam in eine Gegend, wo es reichlich Nahrung und Wasser gab. Weit und breit war kein lebendes Wesen zu sehen, bis der Kundschafter am Ende auf einen einsamen Fächerschwanz traf.

»Meine Brüder und Schwestern sind vom Hungertod bedroht«, begann der Adler. »Wenn dies dein Gebiet ist, dann erlaube mir, sie hierher zu führen.« »So soll es sein«, erwiderte der Fächerschwanz. »Doch zuvor mußt du mich im Ringkampf besiegen.« »Nichts leichter als das«, dachte der Adler bei sich und musterte den kleinen Vogel siegesgewiß.

Die beiden begannen zu kämpfen. Der Fächerschwanz sprang dabei so flink und behende umher, wie er das heute noch tut. In die Erde aber hatte er nadelspitze Fischknochen gesteckt.

Mitten im Kampf kam der Habichtsadler einmal zu Fall, wurde von den Knochen aufgespießt und konnte sich nicht mehr losmachen. Der Fächerschwanz sprang herzu und pickte seinen Gegner grausam zu Tode.

Als der Kundschafter nicht zurückkehrte, machten sich noch andere Tiere auf den Weg über die Berge. Doch sie alle, Habicht, Elster, Dingo und Beutelbär, ereilte das gleiche Schicksal.

Schließlich unternahm die alte Schildkröte selbst die lange, mühevolle Reise. »Laß mich zuvor eine Weile ausruhen«, antwortete sie dem Fächerschwanz auf seine Herausforderung. »Dann wollen wir kämpfen.« Sie kroch in den Busch und schnitt aus dem Stamm eines Eukalyptusbaums eine Culamon heraus, eine gewölbte Holzplatte, wie man sie auch als Wasserschüssel benutzt. Die befestigte sie auf ihrem Rücken und band sich dazu einen Streifen dicker Rinde vor Brust und Bauch.

Solchermaßen gerüstet, konnten ihr die spitzen Knochen des Fächerschwanzes nichts anhaben. Der mühte sich vergeblich, und als seine Kräfte nachließen und auch seine Bewegungen langsamer wurden, bekam ihn die Schildkröte zu fassen und tötete ihn.

In dieser Weise hatte die Schildkröte den heimtückischen Fächerschwanz durch ihre Klugheit zur Strecke gebracht. Den Panzer auf ihrem Rücken und Bauch aber hat sie zum Zeichen ihres Sieges bis auf den heutigen Tag behalten.

Die Rache der Stachelschweine

❁❁❁❁❁❁❁❁❁❁

Einst wollten die Warane mit den Stachelschweinen auf die
Jagd gehen: »Wir können euch nicht brauchen«, sagten die
Stachelschweine. »Ihr seid zu schlechte Läufer.«
»Dann laßt uns wenigstens mitkommen und Honig suchen.«
Dieser Vorschlag wurde angenommen, denn die Stachelschweine liebten den süßen Honig über alles. Sie gingen
auf die Jagd und erlegten viele Beutelratten.
Unterdessen machten sich auch die Warane ans Werk. Sie
kletterten auf die Bäume und holten den Honig aus den
Bienennestern. Dabei klopften sie mit ihren Steinbeilen
kräftig gegen den Stamm. Dies sollte die Stachelschweine
glauben machen, daß sich die Echsen erst noch mühsam
Stufen in das glatte Holz schlagen mußten, um an die Wa-
ben zu kommen. In Wahrheit aber waren sie flinke Kletterer, denen das Ganze keine große Mühe bereitete.
Am Abend traf man sich an dem verabredeten Lagerplatz.
Die Warane brachten den Honig mit, die Stachelschweine
begannen ihre Beute abzuhäuten. Da nun die anderen vom
vielen Laufen sehr müde waren, schlugen die Echsen vor:
»Legt euch ruhig eine Weile schlafen. Wir braten das
Fleisch, und wenn alles fertig ist, wecken wir euch.«
Dagegen hatten die Stachelschweine nichts einzuwenden
und fielen auch gleich in tiefen Schlummer. Die Warane
brieten die Ratten im Feuer. Sobald aber eine fertig war,
zogen sie den Braten am Schwanz heraus und flohen damit
auf einen hohen Baum.
Wie nun einer die letzten beiden Ratten holen wollte, fiel

ein Stück Glut einem der schlafenden Stachelschweine auf den Bauch. Dieses fuhr hoch, sprang unter lautem Schmerzensgeschrei umher und zerstieß dabei das Lagerfeuer nach allen Seiten. Im Nu waren auch seine Stammesbrüder auf den Beinen, packten brennende Äste und stürzten dem fliehenden Dieb hinterher. Genau unter dem Baum hatten sie ihn eingeholt. In Todesangst rannte der Waran um den Stamm herum, während glühende Feuerbrände auf ihn herniederprasselten. Zwar gelang es ihm noch, sich im letzten Augenblick nach oben zu retten, doch war sein ganzer Körper mit schlimmen Wunden bedeckt.

Die Stachelschweine warfen ihre Feuerstöcke nach den Räubern und kehrten schließlich ins Lager zurück. Die Warane aber haben die Schandmale für ihre Hinterhältigkeit bis zum heutigen Tage behalten. Es sind die dunklen Stellen auf ihrer Haut, dort wo sie von den Schlägen der Stachelschweine getroffen wurden.

Der unsichtbare Gefährte

❀❀❀❀❀❀❀❀❀❀

Weemullee, die Eule, und Willanjee, der Wirbelwind, waren einst junge Männer und gute Freunde. Gemeinsam gingen sie auf die Jagd, nahmen ihre Mahlzeiten zusammen ein, schliefen jede Nacht im gleichen Lager und schwatzten den ganzen Tag miteinander.

Das Merkwürdige bei alledem aber war, daß Willanjee für den Gefährten stets unsichtbar blieb. Die neugierige Eule, die alles daransetzte, den geheimnisvollen Freund endlich zu Gesicht zu bekommen, starrte unablässig in seine Richtung, bis ihre Augen mit der Zeit immer größer und runder wurden. Wenn die beiden auf die Jagd gingen, so wanderten die Waffen des Wirbelwinds neben Weemullee her, ohne daß der Träger sichtbar wurde. Hatten sie nach langer Verfolgung ein Känguruh schließlich niedergehetzt, dann beobachtete die Eule, wie sich der Speer wiegte und von Geisterhand geworfen sein Ziel traf. Weithin war der triumphierende Schrei des Jägers zu hören, der die Beute zu Fall gebracht hatte. Wenn die jungen Männer herbeistürzten, um dem Tier den letzten, tödlichen Schlag zu versetzen, war es Willanjees Keule, die ihm den Hieb gab.

All dies spornte die Eule natürlich weiter an, das Geheimnis zu lüften. Vergeblich bemühten sich ihre großen runden Augen, aber immer wieder starrten sie nur ins Nichts. Eines Tages waren die Freunde wie gewöhnlich auf der Jagd und erbeuteten mehrere Warane und Wildenten. Gegen Abend kletterte Weemullee noch flink auf den großen Eukalyptus in der Nähe des Lagers und zog eine fette, junge Beutelratte aus dem hohlen Baumstamm.

»Wirf sie herunter«, rief Willanjee, »das gibt einen saftigen Braten.«

Im Lager wurde die Beute über dem Feuer geröstet, wobei Willanjee die verschiedenen Tiere jeweils auf eine besondere Art zuzubereiten wußte. Es war ein richtiges Festmahl. Bald danach rollte sich der Wirbelwind müde vom vielen Essen in seine Felldecke und fiel in einen tiefen Schlaf.

Nun konnte Weemullee seine Neugierde nicht länger im Zaum halten. Das war die Gelegenheit, auf die er so lange gewartet hatte. Lautlos huschte der Eulenmann um das niedergebrannte Lagerfeuer herum, hob behutsam einen Zipfel von Willanjees Decke hoch und starrte mit weitaufgerissenen Augen darunter. Da war es auch schon geschehen. Heulend brach der Wirbelwind aus dem Dunkel hervor und zerstreute glühende Holzkohle, Waffen und abgenagte Knochen in alle Himmelsrichtungen. Weemullee selbst wurde von dem pfeifenden Luftstrom mit solcher Gewalt in einen hohlen Baumstamm gedrückt, daß er aus dem obersten Astloch wieder herausschoß und weit über die Ebene wirbelte. Verzweifelt versuchte Weemullee noch immer, den unheimlichen Freund zu Gesicht zu bekommen, der ihn vor sich her durch die Lüfte jagte. Aber so sehr er den Kopf auch drehte und wendete, nichts war zu sehen. Zuletzt bekam er einen starken Akazienast zu fassen, an den er sich klammerte, bis Willanjee, der Wirbelwind, vorbeigebraust war.

Seit dieser schrecklichen Nacht aber sind die Augen der Eule so groß und rund geblieben, wie sie es heute noch sind.

Wallaroos Ende

Unter den hohen Bäumen am Rande einer felsigen Erhebung hatte Wallaroo, das große graue Bergkänguruh, sein Lager aufgeschlagen. Es war alt und schwach geworden, und auch das Jagen bereitete ihm viel weniger Vergnügen als in früheren Zeiten. Am liebsten saß der Känguruhmann vor seiner Hütte im Schatten des dichten Blätterdachs und klopfte mit dem langen kräftigen Schwanz auf den steinigen Boden, daß es weithin zu hören war. Als eines Tages Pata, die zierliche, rotnackige Buschkänguruhfrau, in der Nähe nach Gräsern und Wurzeln suchte, vernahm auch sie das seltsame dumpfe Pochen.

»Ha-a«, rief Pata und blickte ängstlich umher.

»Ha-a«, antwortete Wallaroo in so kläglichem Ton, daß die Känguruhfrau ihre Scheu überwand und neugierig herbeigelaufen kam:

»Was fehlt dir?« fragte sie teilnahmsvoll.

»Ach, ich bin alt und krank«, jammerte Wallaroo. »Nun kann ich nicht mehr jagen und muß oft Hunger leiden. Meine Freunde sind unten am Fluß, um ein paar Fische für mich zu fangen.«

»Ich werde sie suchen gehen und dir gleich etwas zu essen bringen«, versprach Pata ganz gerührt und machte sich sofort auf den Weg.

Kaum war sie ein Stück entfernt, da rief der Känguruhmann ihr nach: »Nimm doch meinen Bumerang mit, für den Fall, daß sich eine Jagdgelegenheit bietet.«

»Gut, wirf ihn mir zu«, meinte arglos das Buschkänguruh und blieb stehen.

Darauf hatte Wallaroo nur gewartet. Schnell wie ein Blitz schoß das scharfkantige Wurfholz durch die Luft und traf die aufschreiende Pata genau an der Schläfe. Tödlich verwundet brach sie zusammen. Der hinterlistige Alte humpelte heran, packte den leblosen Körper und schleppte ihn ins Lager zurück. Dort grub er ein flaches Loch, breitete glühende Holzkohlen und Zweige über den Boden und röstete sein Opfer. Nachdem das Fleisch gar war, rieb sich Wallaroo von Kopf bis Fuß mit dem Nierenfett seiner Beute ein und verschlang gierig den saftigen Braten.

Mehrere Tage vergingen, aber niemand hatte die kleine Pata wiedergesehen. Da beschloß Googarh, der Waran, die verschwundene Tante zu suchen.

»Ich werde selbst sehen, wo sie bleibt«, sagte er zu den anderen Stammesmitgliedern. »Hoffentlich ist ihr nichts Schlimmes zugestoßen.«

Googarh verfolgte die Spur der Vermißten, bis er ein anhaltendes lautes Klopfen hörte. Auf sein fragendes Rufen hin antwortete Wallaroo im gleichen jammervollen Ton und schlug dabei immer heftiger mit dem kräftigen Schwanz. Googarh kam näher, und wieder beklagte Wallaroo in bewegenden Worten sein trauriges Schicksal. Ohne zu zögern, bot der gutmütige Leguan Hilfe an. Aber wenig später traf auch ihn der tödliche Bumerang.

Noch viele andere Tiere machten sich auf den Weg, um die verschwundenen Gefährten zu suchen, doch keiner von ihnen kehrte je wieder ins Lager zurück. Angst und Schrecken ergriffen die Bewohner der weiten Ebene. Schließlich riefen die Vögel alle zu einer großen Versammlung. Bis in die späte Nacht wurde beratschlagt, aber niemandem fiel etwas ein. Zuletzt ergriff Deereeree, der schwarzweiße Fächerschwanz, das Wort. Ringsumher verstummte das Gerede, denn der prächtige Vogel galt als ein mächtiger Zauberer:

»Eine dunkle Ahnung sagt mir, daß unsere Freunde getötet wurden«, verkündete er. »Darum laßt mich ausziehen, um sie zu suchen und zu rächen.«

Eifrig pflichteten die anderen Tiere seinem Vorschlag bei, denn jeder war froh, daß ausgerechnet der schlaue Fächerschwanz diese gefahrvolle Aufgabe übernehmen wollte.

Früh am Morgen verließ Deereeree das Lager. Als er gegen Mittag die felsige Erhebung aus der Ebene aufragen sah, drang plötzlich auch das dumpfe Klopfen des Känguruhschwanzes an sein Ohr. Vorsichtig schlich er näher heran, denn die rätselhaften Ereignisse der letzten Zeit hatten ihn argwöhnisch gemacht. Die scharfen Augen des Vogelmannes spähten umher und stellten bald fest, daß alle Spuren in Richtung Hügel liefen. Wenig später stand er dem heimtückischen Wallaroo gegenüber und beobachtete ihn genau, während der Alte wie gewöhnlich sein Klagelied anstimmte. Deereeree erklärte sich schließlich bereit, die Freunde herbeizuholen, doch kaum war er ein paar Schritte gegangen, da bot Wallaroo auch ihm den Bumerang an.

Eine innere Stimme warnte den Fächerschwanz vor der Gefahr, und er blieb stehen:

»Wirf ihn her«, rief er, ohne den Gegner dabei aus den Augen zu lassen.

In der Hoffnung auf leichte Beute holte Wallaroo zum tödlichen Wurf aus, aber Deereeree sprang flink zur Seite. Mit beiden Händen schleuderte nun der wutschnaubende Känguruhmann seine Speere und Wurfstöcke, doch immer wieder konnte der geschickte Vogel durch blitzschnelle Drehungen ausweichen. Als schließlich Wallaroos Vorrat an Waffen erschöpft war, packte Deereeree den eigenen Bumerang und warf ihn mit solcher Wucht, daß er die Brust des hinterhältigen Mörders zerspaltete.

Deshalb haben auch alle Bergkänguruhs seitdem einen weißen Fellstreifen an dieser Stelle.

Der Fächerschwanz röstete den Gegner im selben Erdloch, das Wallaroo für seine unglücklichen Opfer benutzt hatte. Während das Fleisch langsam gar wurde, schlug er mit zwei Stöcken den Takt und sang dazu ein gleichförmiges Lied:

>»Meine Stammesbrüder hast du getötet
Nun sind sie gerächt
Und niemals mehr
Braucht unser Volk dich zu fürchten.«

Danach verzehrte Deereeree die saftigsten Stücke und schleppte den Rest ins Lager zurück. Die Stammesleute feierten den tapferen Fächerschwanz, und zur Belohnung durfte er sich vier junge Frauen nehmen. Der Rat der Alten aber tagte bis spät in die Nacht, und es wurde beschlossen, daß künftig niemand mehr allein in den Busch gehen sollte. So ist es auch bis heute geblieben.

Die Strafe der Berggeister

❀❀❀❀❀❀❀❀❀

Zu der Zeit als die Warane mit den Tiltil, den schwarz-weißgefiederten Wildenten, verheiratet waren, kam eine große Dürre über das Land. Die Wasserlöcher trockneten aus, die Pflanzen verdorrten, und viele Lebewesen gingen elend zugrunde. Nur die Warane besaßen noch eine verborgene Quelle in den Bergen, deren genaue Lage sie jedoch selbst vor den eigenen Frauen geheimhielten. Dieses Versteckspiel aber wollten jene nicht länger mitmachen: »Unsere Brüder und Schwestern sterben«, rief die Frau des Anführers, »während die Männer sich weigern, das Wasser zu teilen. Ich will in die Berge gehen und die Quelle suchen.« Zwei junge Mädchen schlossen sich ihr an. Heimlich schlichen sich die drei aus dem Lager. Als es dunkel wurde, zündeten sie ein Feuer an und legten sich zum Schlafen nieder. Sie träumten von den Tukonini, den Berggeistern, die ihnen den Weg zeigten.

Am nächsten Morgen beim Aufwachen wollten die Tiltil ihren Augen nicht trauen. Ringsumher standen viele kleine Männer, die Körper mit Streifen aus rotem Ocker und weißem Lehm bemalt. In den Haaren und an den Handgelenken trugen sie bunte Kakadufedern, in ihren Hüftgürteln aus Beutelrattenfell steckten zierliche Keulen und Bumerangs. Die Speere der Tukonini, denn niemand anders waren die Fremden, maßen nicht mehr als zwei Fuß.

Nachdem die Frauen ihren ersten Schrecken überwunden hatten, sprachen die Geister: »Seid ohne Furcht. Folgt uns, und ihr werdet das Geheimnis der Warane entdecken.«

Die Tukonini führten die Tiltil den Berg hinauf zu einer verborgenen Felsspalte, aus der klares, frisches Wasser sprudelte: »Nun schick deine Begleiterinnen ins Lager zurück«, befahlen sie der Anführerin. »Laß den Frauen ausrichten, daß sie sich auf den umliegenden Hügeln in Sicherheit bringen sollen.«

Nachdem die Mädchen eine Weile fort waren, gaben die Geister der Frau einen Stock aus Grasbaumholz in die Hand: »Schlag damit gegen den Felsen.«

Sie tat wie geheißen. Da öffnete sich vor ihren Augen die steinerne Wand, und ein schäumender Sturzbach ergoß sich ins Tal. Im Laufen schwoll er zu einem reißenden Fluß, der das Lager überflutete und die Warane hinwegschwemmte. Als die sich wieder gesammelt hatten, lag ein unüberwindliches Wasser zwischen ihnen und ihren Frauen auf den Hügeln. Die Tiltil sind niemals wieder zu ihren bösen Männern zurückgekehrt. Sie wohnen seit jener Zeit an den Tümpeln und Wasserlöchern, wo sie in den Zweigen der Eukalyptusbäume ihre Lehmnester bauen.

Die Warane hingegen wurden schwer bestraft für ihre Hartherzigkeit. Sie hatten Frauen und Kinder verloren und ziehen seitdem als einsame Räuber umher. Wenn es ihnen zu kalt ist, vergraben sie sich in der Erde. Dann schlafen sie, bis die Sonne wieder wärmer scheint. Aus Rache an den Tiltil aber rauben sie deren Nester aus, wann immer sich die Gelegenheit dazu bietet. Die Wildenten müssen sich deshalb gehörig in acht nehmen, denn die Echsen sind geschickte Kletterer.

Der Ruf der Eule

❀❀❀❀❀❀❀❀❀❀

Eerin hatte einen sehr leichten Schlaf, und wenn er im Lager war, so konnte sich in der Nacht kein Feind unbemerkt
anschleichen und die Schläfer speeren oder ihnen mit der
Schlagkeule den Schädel zertrümmern. Denn bevor der
Gegner noch auf Speerwurfweite herankam, rief Eerin
sein lautes »Mil, Mil, Mil!«, was soviel bedeutet wie »Achtung, Achtung, Achtung« und alle auf die drohende Gefahr aufmerksam machte.

Als Eerin nach langer Zeit starb, verfiel der ganze Stamm
in tiefe Trauer: »Wir haben unseren besten Wächter verloren«, murmelten die jungen Krieger düster. »Von nun an
werden uns die Angreifer wieder im Schutze der Dunkelheit beschleichen.«

Sie betteten den Toten in einen Rindensarg, der mit rotem
Ocker bestrichen war. Der alte Zauberer fuhr mit dem
Daumennagel einmal kreuzweise darüber hinweg, dann
wurden die Totentänze aufgeführt und die uralten Grabgesänge gesungen. Gegen Abend geleiteten die Stammesleute den Sarg feierlich zu der frisch ausgehobenen Grube.
Die Trauernden waren mit weißem Ton bemalt und hatten
sich Vogelfedern und Blätter in die Haare gesteckt. In den
Händen, an Handgelenken, Hüften, Knien, Fußknöcheln
und selbst in den durchbohrten Nasenbeinen trugen sie
Zweige des heiligen Dhilbaums.

Die Männer legten den Boden der Grube mit Baumstämmen aus und breiteten eine dicke Schicht Zweige darüber,
auf die sie den Sarg vorsichtig hinabließen. Wieder stimmten die Angehörigen die Totenklage an, die weit durch den

Busch klang. Dann senkte sich eine tiefe Stille über den Begräbnisplatz, und der alte Wirrinun ergriff das Wort:
»Kalt und leblos wie Eerin werden wir alle einst sein«, sagte er. »Darum befolgt stets die ehrwürdigen Gesetze unseres Stammes, die Baiame, der Schöpfer aller Dinge, uns gegeben hat. Denn sonst wird er euren Geist aus Bullimah, dem lichten Seelenreich, verweisen und nach Eleanbah Wundah, der Heimat des Bösen und der dunklen Schatten, verbannen.«

Nun wurden Zweige auf den Sarg hinuntergeworfen, und die Männer legten Felldecken, Waffen und Wegzehrung in das Grab, die der Geist Eerins auf seiner weiten Reise ins Seelenland benötigte. Währenddessen blieb der älteste männliche Verwandte bei dem Toten, um die bösen Geister abzuhalten, bis die schützende Erde ihn bedecke. Aufrecht in der Grube stehend, begann er ein trauriges Lied:

> »Wir folgen der Biene zu ihrem Nest im Goolabah-
> baum,
> Wir folgen der Biene zu ihrem Nest im Bibbilbaum
> Süßen Honig gibt es auch im Gooribaum
> Doch Eerin, der wachsame Schläfer,
> Wird nicht mehr unter uns sein.«

Ringsumher erhoben sich die Klagerufe und wurden erst durch den Gesang des Zauberers zum Schweigen gebracht:

> »Oft schon haben wir die Netze im Fluß ausgeworfen
> Und viele große Fische darin gefangen.
> Doch Eerin, der wachsame Schläfer,
> Wird niemals wieder zum Fluß kommen
> Und sich mit glänzendem Fischtran einreiben,
> Wenn er die reiche Beute mit uns geteilt hat.«

Nach einer Pause fuhr der Wirrinun fort:

»Wir speeren die scheuen Känguruhs auf den Felshängen,
Und den stolzen Emu streckt der schwirrende Bumerang
nieder.
Doch der wachsame Eerin wird nicht mehr unter uns sein.
Oft noch werden wir jagen und fischen,
Doch Eerins Witwe zündet kein Kochfeuer mehr für ihn
an.«

Von neuem erklangen die Totenklagen und wurden ein
letztes Mal vom Lied des Zauberers übertönt:

»Nie wieder ruft die Stimme des Wächters
Mil, Mil, Mil, wenn der nächtliche Feind heranschleicht.
Unsere Schädel werden zerschmettert
und unsere Körper durchbohrt,
Denn Eerins Ruf kann die Brüder nicht mehr warnen.
Nur noch sein Geist findet den Weg zu den Menschen,
Darum laßt uns ihm jetzt ein Blutopfer bringen.«

Die Trauernden packten ihre steinernen Messer und
brachten sich unter lautem Klagen tiefe Schnittwunden
bei. Das hervorquellende Blut ließen sie in die Grube tropfen. Noch niemals zuvor hatte der Geist eines Toten ein
reicheres Blutopfer erhalten. Dann wurde das Grab rasch
aufgefüllt, während einer der Männer tanzte und leise Beschwörungen murmelte. Anschließend standen alle in den
qualmenden Rauchwolken des Feuers, das der Wirrinun
mit brennenden Rosenholzzweigen entfachte, um den
umherirrenden Totengeist zu bannen.
Die Frauen brachen in das neue Lager auf, denn der alte
Wohnplatz war nun *gummarl,* ein Ort des Todes. Ein besonders gekennzeichneter Baum zeigte an, daß niemand
mehr diese Stelle betreten durfte.
Kindern und Frauen mit Säuglingen aber war es nicht ge-
stattet, an der Begräbnisfeier teilzunehmen.

Nach dem Weggang der Frauen nahmen die Männer unter Führung des ältesten Zauberers um das Grab herum Aufstellung, die Gesichter gen Osten gewandt, wo *Bullimah*, das Seelenland, liegt. Wie die Knaben beim Bohra, der heiligen Männerweihe, hielten alle die Köpfe gesenkt, nur der Wirrinun erhob sein weißhaariges Haupt:

»Großer Baiame, Vater aller Dinge«, rief er mit bebender Stimme, »geleite den Geist Eerins sicher in die Heimat der unsterblichen Seelen und bewahre ihn vor Eleanbah Wundah, der dunklen Schattenwelt. Laß ihn frei und ungehindert durch deine lichten Gefilde streifen, denn auf Erden war er dir treu ergeben. Erhöre unser Flehen, Baiame, und gewähre Eerin Einlaß in das Reich der Fülle, der Schönheit und des ewigen Friedens, denn stets hat er deine Gesetze befolgt.«

Wieder stimmten die Männer den Trauergesang an. Dann wurde das Grab mit Zweigen abgedeckt und der Boden behutsam glattgefegt. So würden Spuren das Totemtier dessen verraten, der Eerin durch einen bösen Zauber getötet hatte. War es zum Beispiel die Fährte eines Warans, so gehörte der Schuldige zum Waranstamm, die Fußabdrücke des Emu hingegen bedeuteten, daß der Mörder unter den Emuleuten zu suchen war.

Eerins Witwe aber hatte ihren Körper mit einer dicken Schlammschicht bestrichen und hielt das Gesicht unter einer Maske aus Asche und weißem Ton verborgen. So unkenntlich gemacht, suchte sie die Rückkehr des Totengeistes zu verhindern, und verbrachte die ganze Nacht neben einem qualmenden Rauchfeuer.

Drei Tage später zündeten die Männer am Flußufer ein großes Feuer an und trieben die Witwe laut schreiend darauf zu. Im Vorbeilaufen riß sie einen brennenden Ast aus dem Holzstoß und stürzte damit in den Fluß. Als die Flammen zischend erloschen, beugte sie den Kopf und trank einen tiefen Schluck Wasser. Dann stieg sie wieder ans Ufer und stellte sich in die Rauchwolken des Feuers. Eingehüllt von den beißenden Schwaden, rief die Witwe erst den im Lager gebliebenen Stammesleuten und dann zum Grab hin den Namen ihres verstorbenen Mannes. Die anderen riefen zurück, daß sein Geist geantwortet habe und sie nun wieder sprechen dürfe. Denn seit Eerins Tod hatte ihr die Sitte verboten, auch nur ein einziges Wort von sich zu geben.

Sie kehrte in das neue Lager zurück, wo alles in dichtem Qualm stand. Wann immer in der Folgezeit ein Fremder den Wohnplatz besuchte, mußte die Witwe ein kleines Rauchfeuer anzünden. Bis zu dem Tag, an dem der nächste Verwandte ihres Mannes das Recht hatte, sie zur Frau zu nehmen.

In den Monaten nach Eerins Tod sang jeder Gast des Stammes in den frühen Morgenstunden den Trauergesang, dem sich nacheinander auch die übrigen Männer anschlossen. Dann verließen sie das Lager und setzten sich unweit der Hütten in einem dichten Kreis am Boden nieder. Das feierliche Singen erstarb, die Teilnehmer wiegten ihre Oberkörper langsam nach allen Seiten und brachen in dumpfes Wehklagen über den Verlust des geliebten Bruders aus.

Als die Trauerzeit vorbei war, kamen im Schutze der Dunkelheit auch die Feinde wieder zurück. Aber wie früher wurden die Schläfer durch das »Mil, Mil, Mil« eines unsichtbaren Rufers rechtzeitig vor dem heranpirschenden Gegner gewarnt. So geschah es noch oft, ohne daß jemand das Rätsel des geheimnisvollen Bundesgenossen zu lösen vermochte.

Eines Nachts erschlugen die jungen Krieger den kühnsten der Angreifer, der seinen Haß mit in die andere Welt nahm und als böser Geist die Menschen heimsuchte. Doch selbst vor dieser Bedrohung wurde der Stamm durch das vertraute »Mil, Mil, Mil« beschützt, das die dunklen Schatten vertrieb. Immer stärker wuchs die Neugierde der Leute auf den treuen Helfer, bis die Frauen schließlich entdeckten, daß sich hinter der nächtlichen Stimme eine kleine graue Eule mit schwarzgeränderten Augen verbarg, die nach ihren Warnrufen stets geräuschlos davonflatterte.

Wundah, der böse Geist, suchte die Eule zu überreden: »Warum willst du sie beschützen«, sagte er. »Verhalte dich ruhig, wenn ich mich beim nächsten Mal anschleiche. Sieh hier meine Keule. Ich werde einen der Männer erschlagen und das Fleisch mit dir teilen.«

Die kleine Eule zeigte sich einverstanden, und Wundah schlich leise davon. Aber gerade wollte er die schwere Keule erheben und mit einem gewaltigen Schlag den Schädel seines ahnungslosen Opfers zerschmettern, als der graue Vogel blitzschnell auf den Schläfer herabstieß.

»Mil, Mil, Mil«, rief er dem Mann so laut ins Ohr, daß der ganze Stamm davon wach wurde und den heimtückischen Angreifer aus dem Lager vertrieb.

»Du hast dein Wort gebrochen«, schrie der böse Geist und schwang drohend seine Keule.

»Niemand darf ein Versprechen halten, das gegen die Gesetze Baiames verstößt«, antwortete die kleine Eule furchtlos. »Mir aber kannst du nichts anhaben, denn die dunklen Mächte haben keine Gewalt über mich.«

»Ein zweites Mal wirst du mich nicht überlisten«, knurrte Wundah.

»Zu allen Zeiten will ich meine Stammesbrüder vor drohender Gefahr bewahren«, verkündete der Vogel, »genauso wie einst als Eerin, der Mensch. Denn haben sie mir nicht ein reiches Blutopfer dargebracht und mein Andenken in Ehren gehalten? Am Tage werde ich ruhen, doch in den Nächten will ich hoch über dem Lager schweben und den Schlaf meiner Brüder bewachen.«

So ist es auch bis heute geblieben. Der Geist Eerins lebt weiter in der kleinen grauen Eule, die ebenfalls Eerin genannt wird und mit ihrem lauten »Mil, Mil, Mil« die Menschen vor den Gefahren der Dunkelheit beschützt.

Die letzte Reise

✿✿✿✿✿✿✿✿✿

Tief im Süden ragt ein mächtiger Felsen empor, der in östlicher Richtung allmählich zum Meer hin abfällt. Auf diesem langgestreckten Hang sind im steinigen Boden ganz deutlich die Fußabdrücke von Männern, Frauen und Kindern zu erkennen. Immer, wenn bei den umliegenden Stämmen jemand gestorben ist, erscheinen die geheimnisvollen Spuren wie frisch ausgetreten, ohne daß dort jemals ein menschliches Wesen gesehen wurde.

Hier beginnen die Geister der Toten ihre weite Reise aus den irdischen Jagdgründen in die Heimat der unsterblichen Seelen. Für die Augen der Lebenden unsichtbar, schlägt ein ungeheuer langer Baumstamm die Brücke von dem fernen unbekannten Land über das Meer, bis hin zum Fuße des Abhangs. Nach dem Tod eines Menschen erklettert sein Geist in der Nacht den Gipfel des Felsens, wo er stehenbleibt und gen Osten blickt. Dann setzt er Schritt für Schritt in die ausgetretenen Fußstapfen, bis er unten ankommt und das Ende des Baumstamms erreicht.

Ohne zu zögern, springt er auf die Brücke und wandelt sicher über die endlose Wasserfläche. Wenig später versperren ihm lodernde Flammen den Weg, die aus den brodelnden Untiefen der See hervorschießen. War der Verstorbene ein guter Mensch, so schreitet der Geist unbehelligt durch die feurige Glut. Hat er jedoch gegen die Gesetze des Stammes verstoßen, so versengen ihn die Flammen, oder aber sein Fuß gleitet aus, und er stürzt kopfüber in das Feuer.

Am Ende einer langen Wanderung betritt die Seele das

Land auf der anderen Seite des Meeres und setzt ihren Weg durch den dichten Busch fort. Hier lauert eine große schwarze Krähe:

»Du hast mich einst in Schrecken versetzt«, krächzt der riesige Vogel heiser. Er versucht, den Ankömmling mit einem scharfen Speer zu durchbohren, doch die Waffe verfehlt das Ziel, und der Geist geht ungehindert weiter, verfolgt von Verwünschungen der Krähe.

Ein Pfad öffnet sich, und auf der Lichtung steht ein mächtiger Feigenbaum. Schweigend an den Stamm gelehnt, erkennt der Verstorbene einen Verwandten aus dem irdischen Leben. Hoch oben in der Krone aber kauert ein bösartiges Wesen, das die Seelen der Menschen zu vernichten sucht.

»Führ ihn unter den Baum«, schreit der finstere Geselle zwischen den Ästen hervor.

Der Verwandte befolgt den Befehl, doch nicht ohne den Freund eindringlich vor der drohenden Gefahr zu warnen.

Unterdessen pflückt das Wesen im Baum frische Feigen, die es fest um ein leuchtendes Quarzkristall preßt.

»Stell dich auf den freien Platz, ich werfe dir die Feigen hinab«, ruft eine rauhe Stimme dem Geist zu.

Wohlwissend, daß der Widersacher nur Böses im Schilde führt, tritt dieser hinter die hohen Sträucher und bückt sich hungrig nach Früchten, die der Wind von den Zweigen geschüttelt hat. Plötzlich schleudert der Mann im Baum mit aller Kraft seine Feigen, die zu einem großen Steinbrocken geworden sind, nach ihm. Aber das dichte Unterholz versperrt ihm die Sicht, und so verfehlt er sein Ziel.

Der Geist des Toten zieht weiter, und der verschlungene Pfad führt durch eine enge, steil abstürzende Felsenschlucht, die auf beiden Seiten von Gebüsch überwuchert ist. Hier hausen riesenhafte Papageien, die dem Fremdling mit ihren furchtbaren nadelspitzen Schnäbeln das Fleisch von den Knochen reißen wollen. Er aber verteidigt sich tapfer und vertreibt die gefiederten Ungeheuer, die ein lautes Geschrei und Gezeter erheben, wie es Papageien auch sonst immer tun.

Schließlich betritt der Wanderer einen lichten Wald, dessen Boden von grünen, grasigen Matten und leuchtenden Blumen bedeckt ist. Auf den Bäumen zwitschern farbenprächtige Vögel, in den Bächen springen die glitzernden Fische. Hier trifft der Verstorbene eine große Zahl fröhlich spielender Menschen jeglichen Alters. In vielen erkennt er die Verwandten und Freunde, die vor ihm aus dem Leben geschieden sind. Müde läßt er sich etwas abseits von den anderen nieder, doch wenn die Verwandten den Neuankömmling erblicken, eilen sie herbei, heißen ihn freundlich willkommen und geleiten ihn feierlich ins Lager. Dort wird er geschmückt und bemalt, wie es auf Erden Sitte war. Anschließend findet zu seinen Ehren ein ausgelassenes Tanzfest statt.

Bald darauf erscheint ein häßlicher alter Mann mit schorfiger Haut und narbenzerfressenem Körper in der Nähe des Festplatzes:

»Wer ist gekommen, daß ihr einen solchen Lärm veranstaltet?« krächzt er heiser.

»Du hast nur das laute Spiel der jungen Leute gehört«, antworten die Männer.

Der Alte äugt mißtrauisch umher, aber er kann das Lager nicht betreten. Es wird von seinen eigenen Jagdgründen durch ein breites Wasser getrennt, das er nicht überschreiten darf. Bekommt er nämlich den Neuankömmling zu Gesicht, so richtet er vielleicht den magischen Knochen auf ihn oder ruft durch böse Zaubersprüche Unheil herbei. Deshalb erhält der Narbengesichtige stets eine ausweichende Antwort, worauf er zu seinem Wohnplatz zurückhumpelt.

War der Verstorbene jedoch ein habgieriger, streitsüchtiger Mensch, der den Stammesbrüdern viel Kummer bereitet hat, dann nimmt die Reise einen ganz anderen Verlauf. Der Speer der schwarzen Krähe durchbohrt den Wanderer, und ihr spitzer Schnabel pickt das Fleisch in großen Stücken von seinen Knochen. Messerscharfe Klauen peinigen das schreiende Opfer, dann reißt ihm der Vogel den langen Speer aus dem Leib und treibt den halb Besinnungslosen krächzend vor sich her.

Vor dem Feigenbaum wartet diesmal kein sorgender Verwandter, um den Freund rechtzeitig vor der drohenden Gefahr zu warnen. Nichtsahnend macht deshalb der Ankömmling genau unter dem Blätterdach halt und bückt sich hungrig nach herabgefallenen Früchten. Auf diesen Augenblick aber hat der Widersacher im Baum nur gewartet. Er schmettert dem Ahnungslosen seinen steinernen Feigenklumpen mit solcher Wucht gegen den Hinterkopf, daß der Getroffene blutüberströmt zusammenbricht. Der böse Mann springt zur Erde hinab, schüttelt den Verwundeten so heftig, daß die Knochen rasseln, und zwingt ihn, die Reise fortzusetzen, obwohl er sich kaum noch auf den Beinen halten kann.

In der engen Felsenschlucht wird er von den kreischenden Riesenpapageien beinahe zerfleischt und entgeht nur mit knapper Not ihren furchtbaren Klauen. Wenn der Geist des Verstorbenen schließlich aus vielen Wunden blutend das Lager der Stammesgenossen erreicht, so wenden diese sich von ihm ab:

»Geh weiter«, rufen sie laut, »in unserer Gemeinschaft ist kein Platz für dich.« Daraufhin erscheint wieder der häßliche alte Mann und fragt:

»Wer ist gekommen, daß ihr einen solchen Lärm veranstaltet?«

»Ein Fremder«, antworten die Männer und wenden sich wieder ihrem Spiel zu.

Der Alte ruft den Neuankömmling herbei und nimmt ihn mit in das eigene Lager, wo er für immer bleiben muß.

Die Wundmale aber, die der Wanderer von seiner langen Reise davonträgt, heilen niemals aus. Bald ist sein Körper so schorfig und narbenzerfressen wie der des bösen Zauberers.

Glossar

❀❀❀❀❀❀❀❀❀❀

Akazien
Häufigste Baumart Australiens (etwa 700 Arten). Dornige, strauch- bis baumgroße Pflanzen mit leuchtendgelben Blüten.

Bandikut
s. Beuteldachs

Bartagame
Echsenart, etwa 50 cm lang, mit knöchernen Dornen an Hals und Kopfseiten, die sich in Erregung bartähnlich aufrichten.

Beutelbär
In Erdlöchern lebender, bärenartiger Pflanzenfresser, etwa 1 m lang, plump und schwanzlos, mit flachem Kopf.

Beuteldachs
Ratten- bis dachsgroßer, nachtlebender Allesfresser, von känguruhartiger Gestalt, mit langer, spitzer Schnauze.

Beutelmarder
Wiesel- bis waschbärengroßes, marderähnliches Raubtier mit weißgeflecktem Fell.

Beutelratte
Maus- bis hauskatzengroß, mit körperlangem Greifschwanz. Geschickter Kletterer, vor allem in der Dämmerung aktiv.

Bibbilbaum
Eukalyptusart

Blauzungenskink
Wühlechse mit dunkelblauer Zunge, etwa 45 cm lang, bläht sich bei Erregung unförmig auf.

Bohra	Bei den südöstlichen Stämmen übliche Bezeichnung für Initiationsfeier, die auf einem besonderen Zeremonialplatz stattfindet.
Bumerang	Gekrümmtes, flaches Wurfholz mit scharfem Rand, häufig bemalt. Bumerangs sind Jagd- und Kampfwaffen, jedoch nicht bei allen Stämmen bekannt. Die »zurückkehrenden« Bumerangs stellen nur eine begrenzte Variante dar, die vornehmlich Spiel- und Übungszwecken dient.
Corrobore	Stammesfest mit gesanglicher, tänzerischer und dramatischer Darstellung der mythischen Traumzeitereignisse.
Dhilbaum	Heiliger Baum, dessen Zweige zum Abdecken der Gräber benutzt werden.
Dingo	Schäferhundgroßer, wilder australischer Steppen- und Wüstenhund, wahrscheinlich vor etwa 10000 Jahren eingeführt.
Emu	Straußenartiger, flugunfähiger australischer Laufvogel. Bis 1,5 m hoch, mit bräunlichem Gefieder und starken Klauen.
Fächerschwanz	Schwarzweißer Vogel mit fächerförmigem Schwanz.
Fliegender Fuchs	Große, bis 30 cm lange Fledermausart, die sich vorwiegend von Eukalyptusblüten ernährt.
Flughörnchen	Eichhörnchenähnliches Beuteltier, das mit Hilfe seiner zwischen Bei-

	nen und Körper angewachsenen Flughäute mehr als 50 m weit durch die Luft gleitet.
Goolabahbaum	Eukalyptusart
Grabstock	Etwa 1 m langer, zugespitzter Stock aus Hartholz zum Ausgraben von Wurzelknollen. Wichtigstes Werkzeug der Frauen.
Grasbaum	Baum mit dickem, verhältnismäßig kurzem Stamm, auf dem ein dichtes Bündel armlanger, grasartiger Blätter wächst. Hochaufragende Blütenstände mit weißen Blüten.
Habichtsadler	Großer australischer Adler, Flügelspannweite bis 2,70 m. Schwarzbraunes Gefieder, keilförmiger Schwanz.
Jams	Bezeichnung für verschiedene Kräuter und Straucharten mit stärkehaltigem, keulen- oder knollenförmigem Wurzelstock. Wichtiges Nahrungsmittel der Aborigines.
Känguruhratte	Auch Rattenkänguruh genannt. Kleinste Känguruhart, kaninchengroß, mit kurzem Kopf und spitzer Schnauze.
Kokaburra	Ungefähr 40 cm großer Vogel, auch »Lachender Hans« genannt. Sein lauter Ruf, der wie menschliches Gelächter klingt, kündigt im Busch den Tag an.
Kragenechse	Etwa 80 cm lange Echse, die in Erregung dicht hinter dem Kopf angewachsene knöcherne Speichen zu

	einer breiten, kragenähnlichen Hautfalte aufspannt.
Laubenvogel	Leuchtend bunter australischer Paradiesvogel, der in der Balzzeit bis 2,5 m hohe, tunnelförmige Lauben aus Halmen und Zweigen baut.
Opossum	Große, cirka 40 cm lange Beutelrattenart.
Pandanuspalme	Palmenart mit eßbaren Früchten, deren Blätter schraubenartig um den Stamm herumwachsen.
Papierrindenbaum	In Sumpfgebieten beheimateter Baum mit papierartiger Rinde und gelbgrünen Blüten.
Schützenfisch	Grüngrauer, etwa 20 cm langer Knochenfisch, der mit einem aus dem Maul gepreßten Wasserstrahl nach Insekten »schießt«.
Schwarzer Schwan	Auch Trauerschwan genannt. In Australien weit verbreitet. Tiefdunkles Gefieder, leuchtend weiße Schwingen und kräftigroter Schnabel.
Schwirrholz	Sonderform des Tjurunga. An einem Ende durchbohrtes Sakralholz, das, an einer Schnur über den Kopf geschwungen, einen dumpfdröhnenden Ton erzeugt, der bei kultischen Feiern als Stimme des Traumzeitahnen gilt.
Speerschleuder	Längliches abgeflachtes Brett, das leicht gehöhlt und vorn mit einem Griff versehen ist. Am hinteren Ende befindet sich ein Zapfen, in den das mit einer Kerbe versehene

	Speerende eingehakt wird. Die Speerschleuder erhöht Zielsicherheit und Durchschlagskraft des Wurfs.
Tjurunga	Sakralgegenstand. Längliches, flaches Brett aus Holz, Stein oder Koralle, das als Leib des mythischen Ahnen betrachtet wird und dem dessen schöpferische Kraft innewohnt. Stilisierte Bemalung versinnbildlicht die Traumzeitereignisse.
Traumzeit	Bezeichnung für den Erschaffungs- und Gestaltungsprozeß der Welt durch mythische, übermenschliche Schöpferahnen.
Waran	Fleischfressende, bis 2,5 m lange Echse mit scharfen Zähnen und dolchförmigen Klauen.
Waratah	Strauch mit feuerroten Blüten und dunkelgrünen, gezähnten Blättern.
Wirrinun	Stammeszauberer und Medizinmann.

Nachwort

✿✿✿✿✿✿✿✿✿✿

Der seltsame Kontinent

Ein geologischer Prozeß vor der unvorstellbaren Zeit von rund 70 Millionen Jahren hat dazu beigetragen, der australischen Mythen- und Märchenwelt ihr eigentümliches Gepräge zu verleihen, weil es uns in den Erzählungen gegenübertritt.

Damals nämlich, gegen Ende der sogenannten Kreidezeit, bewirkten gewaltige Verschiebungen der Erdkruste die Loslösung der australischen Landmasse vom Superkontinent Gondwanaland, den sie zusammen mit Afrika, Indien, Südamerika und Antarktis gebildet hatte. Der einsame Erdteil driftete nach Norden ab und nahm in späteren Jahrmillionen eine völlig eigenständige Entwicklung – mit dem Ergebnis, daß rund 80 Prozent der australischen Pflanzen und ein noch größerer Anteil der Tierarten ausschließlich hier vorkommen.

Das Gesicht des fünften Kontinents, der vor etwa 40000 Jahren die Heimat der Schwarzaustralier wurde, ist gekennzeichnet durch verschiedene klimatische Vegetationsgürtel, die in konzentrischer Anordnung einen ariden Kern aus Wüste und Halbwüste umschließen. Dabei nimmt der Tier-, Pflanzen- und Wasserreichtum nach innen zu kontinuierlich ab.

Der Regendschungel des Nordens, die hohen Eukalyptus- und Akazienwälder der gemäßigteren, fruchtbaren Gebiete im Südosten und Südwesten gehen schon bald über in eine offene Savannenlandschaft mit ihren typisch australischen Zwergeukalypten und Grasbäumen. Auf diese pflanzen- und wildreiche Randzone des sogenannten *bush* oder *outback* folgt ein breiter Steppengürtel, der über weite Strecken hinweg unter einem dichtverfilzten, undurchdringlichen Stachelgestrüpp, dem berüchtigten *scrub,* verschwindet.

Im ariden Zentrum weichen die dürftigen Grassteppen endlosen Sand- und Steinwüsten, deren Eintönigkeit von zerklüfteten Urgebirgen, Salzseen, ausgetrockneten Flußtälern und Dünenfeldern durchbrochen wird. Hier gibt es nur noch weitverstreute Bäume, knorrige Krüppelgewächse und das spröde, messerscharfe Stachelschweingras.

Eigenartig im wahrsten Sinne des Wortes ist auch die australische Fauna. Der Alleingang des Kontinents fand zu einem Zeitpunkt statt, als die Evolution der höheren plazentalen Säugetiere, welche in späteren Jahrmillionen die Beuteltiere verdrängen sollten, gerade erst in den Anfängen stand. Australiens geographische Isolation schuf damals einen riesigen biologischen Schutzraum, in dem sich die Beuteltiere, so benannt nach ihrem drüsenbesetzten Hautsack zum Austragen der verfrüht geborenen Nachkommen, ungestört weiterentwickeln konnten.

Diese für europäische Begriffe recht seltsam anmutenden Vierbeiner zeigen eine erstaunliche Vielfalt. Nagetiere wie Beutelratten, insektenvertilgende Beuteldachse, die Pflanzenfresser Koala, Beutelbär und Känguruh, hundegroße Raubtiere wie Beutelmarder und Beutelwolf – mit rund 270 verschiedenen Spezies ein Artenspektrum, das zwar namentlich an unsere Breiten erinnert, aber dennoch ganz erhebliche Unterschiede aufweist.

Darüber hinaus beherbergt dieses Land eine bunte Vogelwelt, wobei die prächtigen Kakadus, Leierschwänze, Kokaburras, Fächerschwänze und Habichtsadler nur zu ihren spektakulärsten Vertretern gehören. Reptilien und

Schlangen haben hier teilweise bizarre Formen ausgebildet. Neben den drachenartigen Echsen wie Dornteufel oder Waran existieren todbringende Giftschlangen, so etwa die Tigerotter oder der gefürchtete Taipan.

Das Land in seiner geheimnisvollen Rätselhaftigkeit schafft nicht nur die intensive Grundstimmung des Geschehens, sondern tritt den Menschen gleichsam als aktiv handelndes Subjekt gegenüber. Ähnliches gilt für die Tiere in ihrer individuellen Zeichnung, die jede Schilderung mit Leben erfüllen und ihr dadurch sinnliche Anschaulichkeit und einen ganz eigenen Zauber verleihen.

Die Menschen

Die Vorfahren der heutigen Aborigines – sogenannte Australoiden aus dem südindonesischen Raum – besiedelten den Kontinent zwischen 40 000 und 15 000 Jahren vor unserer Zeitrechnung. Damals, als während der langen Eiszeitperiode ungeheure Wassermassen in den Riesengletschern der Erde festgefroren waren, überquerten dunkelhäutige Menschen – wahrscheinlich mit Hilfe einfacher Flöße – die flache Meeresenge zwischen Neuguinea und Australien, um das Land schrittweise von Norden her in Besitz zu nehmen.

Das Abklingen der Kälteperiode ließ den Meeresspiegel stark ansteigen und bewirkte dadurch die jahrtausendelange, extreme Isolierung der eingewanderten Völker. Gleichzeitig verursachte der globale Temperaturanstieg die Verödung weiter Teile der ehemals fruchtbaren Landstriche Inneraustraliens. Die Bewohner bewältigten diese drastische Umweltveränderung in einem ebenso dynamischen wie erfindungsreichen Anpassungsprozeß.

Bei der Ankunft der Europäer vor 200 Jahren waren die 300 000 bis 350 000 australischen Ureinwohner in etwa 500

Stämmen organisiert, die sich voneinander durch Sprache, Wohngebiet, soziale und zeremonielle Strukturen unterschieden. Jeder von ihnen bestand wiederum aus 20 bis 25 selbständig siedelnden Lokalgruppen mit mehreren Familien, die das alleinige Nutzungsrecht für einen bestimmten Teil des Stammesterritoriums besaßen.

Der Begriff *Stamm* darf nicht im Sinne einer zentralen Führung verstanden werden, sondern als lockerer Verband von Lokalgruppen, die wichtige soziale und ökonomische Kontakte pflegten oder eine gleiche bzw. ähnliche Sprache hatten. Sämtliche Entscheidungen auf Gruppenebene fielen in die Zuständigkeit der alten Männer, und nur zu ganz besonders wichtigen Anlässen wie Landverteilung, großen religiösen Feiern oder kriegerischen Auseinandersetzungen trat ein informeller Stammesrat zusammen.

In einem Land, dessen schlechte Bodenqualität einfache Anbaumethoden zum Scheitern verurteilt, praktizierten die australischen Ureinwohner eine halbnomadische Jäger- und Sammlerwirtschaft. Auf der Suche nach Nahrung und Wasser wurde ein klar abgegrenztes Territorium durchstreift, wobei eine strikte geschlechtliche Arbeitsteilung herrschte.

Die Frauen gruben mit ihren Grabstöcken nach Jamswurzeln und anderen stärkehaltigen Knollenfrüchten, sammelten Beeren, Grassamen oder wilden Honig und spürten Larven, Insekten oder Eidechsen auf. Die Männer widmeten sich neben der Waffen- und Geräteherstellung vorwiegend der Jagd auf größere Landtiere wie Känguruhs oder Emus und dem Fischfang.

Im Laufe vieler Jahrtausende hatten die Aborigines eine Wirtschaftsform geschaffen, die ihrer Umwelt perfekt angepaßt war. Die nomadisierende Lebensweise vermied eine Überbeanspruchung des Jagdgebietes, gleichzeitig verstanden es diese Menschen, das Nahrungsangebot der Natur voll auszuschöpfen.

So ernährten sich z. B. die Bewohner des im tropischen Bereich liegenden Groote Eyland von weit über 300 verschiedenen Tieren und Pflanzen, und selbst wüstennahe Stämme wie etwa die zentralaustralischen Dieri nutzten immerhin noch mehr als 150 eßbare Arten.

Es ist in diesem Zusammenhang sicher aufschlußreich, daß die australischen Jäger und Sammler, entgegen landläufiger Meinung, sich nicht in der Suche nach spärlicher Nahrung aufzehrten und deshalb keine »höhere« Kultur hervorbrachten, sondern neueren Forschungen zufolge mit einer täglichen Arbeitszeit von drei bis fünf Stunden auskamen. Auch die materielle Kultur der Aborigines war gänzlich auf ihre nichtseßhafte Lebensweise abgestimmt. Holzschalen, Decken, Tragetaschen aus Fell oder geknüpften Pflanzenfasern, Steinbeile und -messer, Grabstöcke, Speere, Keulen und Bumerangs bestanden aus den überall verfügbaren Materialien und konnten von jedem erwachsenen Mann angefertigt werden.

Wasser- und Pflanzenvorkommen, Wildwechsel, Holz- und Steinbearbeitung – diese lebensnotwendigen Kenntnisse und Fähigkeiten mußten von jedem Stammesmitglied im Laufe eines jahrelangen Lernprozesses erworben werden. Eine wichtige Rolle spielten hierbei die erfahrenen alten Männer, deren einflußreiche soziale Stellung vor allem auch darin begründet lag, daß sie jenes Wissen besaßen und an die Jüngeren weitergaben.

In der mündlichen Überlieferung der australischen Ureinwohner nimmt der wirtschaftliche Alltag denn auch einen breiten Raum ein. Da kreist die Erzählung um Erwerb oder Herstellung von Geräten und Waffen, beschreibt die Sammeltätigkeit der Frauen und schildert die gefahrvollen Jagdabenteuer der jungen Krieger. Von bedrohlichen Dürrekatastrophen ist die Rede, aber auch von der Freude über die reiche Beute oder den rettenden Regen.

Wir werden Zeuge einer ausgeklügelten Jagdtechnik, lernen die Zubereitung der Nahrung kennen, und mitten in dieser scheinbar so profanen Welt eröffnet sich das dunkle Reich der Magie, die uns darauf verweist, daß alle Lebensbereiche der Aborigines in einer höheren mystischen Einheit unauflöslich miteinander verbunden sind.

Mythos und Welt

Die höhere Einheit aller Dinge hat ihre Wurzeln in der Traumzeit, jener zentralen Vorstellung im Denken der Schwarzaustralier, die den Angelpunkt ihres Weltverständnisses bildet. Durch sie erfahren scheinbar so gegensätzliche Sphären wie Natur und menschliche Gesellschaft, Ökonomie, Religion und mythologische Überlieferung eine gemeinsame Begründung und werden als harmonische Teile desselben Lebensprozesses gedeutet.
In der Traumzeit traten nach dem Glauben der Aborigines ihre mythischen Ahnen aus der Erde hervor – anderen Traditionen zufolge stiegen sie vom Himmel herab oder kamen übers Meer – und wanderten als menschenähnliche, mit übernatürlichen Kräften begabte Schöpferwesen umher. Auf dieser Reise durch die Weite des australischen Kontinents verliehen sie einer immer schon existenten, aber noch unfertigen Welt ihre heutige Gestalt.
Der Begriff ›Traumzeit‹ ist übrigens eine Umschreibung europäischer Ethnologen – aus dem englischen *dreamtime* –, der jedoch darauf verweist, daß jene Ereignisse für die Ureinwohner nicht rational faßbar sind, sondern nur im spirituellen Erleben, in mystischer Schau gleichsam erträumt werden.
Die mächtigen Vorfahren, die aus dem Erdinnern emporsteigen, werfen ganze Gebirgszüge auf, verwandeln Speere und Keulen in Bäume und Felsen, lassen Pflanzen und Tiere entstehen. Sie graben Wasserlöcher, die sie mit

ihrer unsterblichen Lebenskraft beseelen, und erschaffen die Menschen aus embryoartigen Vorformen.

Die Tätigkeit der Traumzeitwesen geht jedoch weit über die physische Welt hinaus und durchdringt sämtliche wirtschaftlichen, sozialen und geistig-religiösen Bereiche der schwarzaustralischen Kultur. Hier spielen totemistische Anschauungen eine ganz entscheidende Vermittlerrolle.

Auf ihren Wanderungen durch das Stammesgebiet mutieren die Vorfahren immer wieder in bestimmte Tiere und Pflanzen – die sogenannten Totems –, deren Aussehen und Gewohnheiten sie annehmen. Sie werden zu grasfressenden Känguruhs, stellen als Eidechsen Fliegen nach oder verwandeln sich in früchtetragende Bäume und Sträucher. Im Denken der Aborigines ist diese Beziehung so eng, daß sie die Schöpfergestalten voll und ganz mit ihren jeweiligen Totems identifizieren, also nur noch von Känguruh-, Eidechsenahnen etc. sprechen.

Der Totemismus verweist nicht nur auf den gemeinsamen Ursprung alles kreatürlichen Lebens, sondern bezieht auch die Menschen mit ein, deren soziale Ordnung er konstituiert. So gliedern sich australische Stämme in Untereinheiten wie Lokalgruppen oder kleinere Segmente, die sich durch die besondere Verehrung eines bestimmten Totems definieren und nach ihm benennen. Ihre Beziehungen untereinander werden dann durch die Totemzugehörigkeit der Mitglieder geregelt. Ein Emumann darf etwa keine Känguruhfrau, sondern nur eine Partnerin aus der Eidechsen-Totemgruppe heiraten. Damit legitimiert diese Weltsicht eine strikte Heiratsordnung und legt darüber hinaus die Stellung des Individuums im Sozialverband sowie seine Rechte und Pflichten genauestens fest. Verstöße gegen solche mitunter recht strengen Gesetze bilden denn auch ein häufiges Thema der australischen Mythen und Erzählungen.

Das Totem wird als wesensverwandter Bruder des Menschen aufgefaßt, das von der gleichen Lebenskraft beseelt ist. In ihm verehrt man die heiligen Ahnen, und es darf zeitweise weder gejagt noch gegessen werden. Hier findet eine religiös fundierte Rückkoppelung zur ökonomischen Ebene statt. Totemtiere und -pflanzen bilden oft wichtige Nahrungsgrundlage der Gruppe und genießen durch solche Tabus einen planmäßigen Artenschutz.

Die Ahnen handeln als Kulturstifter im weitesten Sinne des Wortes und werden deshalb vielfach auch als Kulturheroen bezeichnet. Sie übergeben den Menschen ihre ersten Geräte und Waffen, lehren sie das Jagen und Sammeln und weihen die Unwissenden in die Geheimnisse der Natur ein.

Daneben setzen die Vorfahren Riten und Zeremonien ein, die es den Menschen gestatten, natürliche Wachstumsprozesse zu beeinflussen. Bei Fruchtbarkeitsriten etwa stellen phantastisch aufgeputzte Tänzer die Schöpfergestalten dar und bitten sie um die Vermehrung ihrer Totemtiere bzw. -pflanzen. In diesen magischen Bereich gehören auch die geheimen Praktiken der Zauberer oder Medizinmänner. Sie rufen den ersehnten Regen herbei, töten mit Zauberknochen und stehen in dauernder Verbindung mit den Kräften der Traumzeit.

Auch das Leben des einzelnen ist tief in jener mythischen Sphäre verwurzelt. Am Ende ihres Schaffens gehen die Heroen in die Erde ein, wo sie in tiefen Höhlen oder am Grund der Wasserlöcher ewig weiterexistieren und unablässig neues Leben hervorbringen. Dort gebären sie die Geistkinder oder Seelenkeime des künftigen Menschen, die in den Schoß vorbeigehender Frauen eindringen, um als leibliche Wesen wiedergeboren zu werden.

So zeigt die Überlieferung, daß die Traumzeit keine abgeschlossene historische Periode darstellt. Sie verkörpert vielmehr einen Zustand der Welt, wo die schöpferischen Kräfte konkretisiert in den Ahnengestalten noch aktiv am

Werk sind. Mit Anbruch der »Menschenzeit« treten jene zwar gleichsam von der Bühne ab, bilden jedoch weiterhin den wahren Urgrund der Dinge, aus dem sich alles Leben immer wieder erneuert.

Das Individuum wächst Schritt für Schritt in diese Zusammenhänge hinein. Ein oft Jahre dauernder Initiationsprozeß vermittelt ihm nicht nur alles erforderliche praktische Wissen und bereitet ihn mit schmerzhaften körperlichen Prüfungen auf die Härte des Lebens vor. Die weisen Alten führen männliche Stammesmitglieder auch in die religiösen Geheimnisse ihrer Kultur ein.

Höhepunkt jener spirituellen Entwicklung ist die Übergabe der heiligen Geräte an den Initianden.

Die Vorfahren haben an Rastplätzen, in Wasserlöchern und Höhlen ihren Leib in Form der sogenannten Tjurungas zurückgelassen – flache Bretter aus Holz oder Stein, deren stark stilisierte Bemalung eine Versinnbildlichung der Traumzeitereignisse darstellt. Zugleich sind jene sakralen Gegenstände aber auch von der immerwährenden Lebensenergie der Ahnen beseelt.

Auf geheimen Veranstaltungen berichten die alten Männer den Knaben von den Taten der Heroen und ihren geheiligten Aufenthaltsorten, veranschaulichen das Geschehen durch dramatische Darbietungen und führen die Novizen in rituelle Praktiken ein. Schließlich erhält jeder Initiand ›seinen‹ Tjurunga. Durch dessen zeremonielle Pflege und Erneuerung hat der einzelne schon im irdischen Leben Anteil an den ewigen Kräften der Traumzeit, er erlangt die Gewißheit der eigenen Unsterblichkeit und Zusammengehörigkeit mit der Welt. Bezeichnenderweise gilt der Initiierte erst jetzt als vollwertiges, heiratsfähiges Mitglied der Gemeinschaft. Wie eng diese Verzahnung mythischer und profaner Wirklichkeit auch auf kollektiver Ebene ist, zeigt die Tatsache, daß etwa die Wanderwege der Stämme genau den Traumzeitpfaden der Heroen folgen.

Frauen sind aus dem kultischen Bereich weitgehend aus-
geschlossen. Obwohl auch sie über eigene Riten verfügen,
wird diesen im Stammesleben eine viel geringere Bedeu-
tung beigemessen. Als letzte Station im irdischen Dasein
empfinden auch die australischen Ureinwohner den Tod
als tiefgreifenden Einbruch, der kollektive Ängste auslöst
und durch bestimmte Rituale bewältigt werden muß. Die
Witwe z. B. darf wochenlang mit niemandem sprechen,
verhüllt ihr Gesicht und verbirgt sich im Rauch des Lagerfeuers, um die Rückkehr des umherschweifenden Totengeistes zu verhindern.

Nach Auffassung der Aborigines zerfällt die Seele des
Verstorbenen in zwei Teile. Einer davon wandert in
ein paradiesähnliches Jenseits, das auf fernen Inseln
oder am Sternenhimmel angesiedelt ist, und trifft dort
seine menschlichen Vorfahren. Der andere aber geht
in die Erde ein und verschmilzt mit dem Schöpferahnen,
um als Geistkind, Tier oder Pflanze wiedergeboren zu
werden.

Dies bedeutet nichts weniger als die letztliche Einheit von
Mythos und Welt. Das Land, die Menschen, Tiere und
Pflanzen sind lediglich verschiedene Erscheinungsformen
des gleichen ewigen Lebenskreislaufs, der sie unablässig
durchströmt und unauflöslich miteinander verbindet. Es
handelt sich hier um eine nicht nur organische, sondern
auch spirituelle Einheit, die der traditionellen Kultur der
Schwarzaustralier ihre faszinierende Geschlossenheit ver-
leiht.

Märchen und Mythen

Die mündliche Überlieferung der Aborigines läßt sich
– von Zaubersprüchen und Kultgesängen einmal abgese-
hen – in zwei Bereiche untergliedern: Die geheimen Mythen und ein großer Schatz an allgemein zugänglichen Ge-

schichten und Erzählungen, die vereinfachend als Märchen bezeichnet werden, wobei die Grenzen zwischen diesen beiden Gattungen fließend sind. Unterschiede liegen vor allem in der inhaltlichen Aussage und der sozialen Funktion des Erzählten.

Die Mythen schildern das Wirken der Traumzeitahnen und bringen dadurch die religiöse Tradition in eine bildhafte Form. Mangerkunjerkunja, der Eidechsenahne, und Bolong, die Regenbogenschlange, sind hier für ganz Australien typische Gestalten. Der einzelne lernt diese sakralen Berichte erst im Laufe seiner Initiation kennen, wo sie von den alten Männern in einer komplizierten Geheimsprache erzählt werden. Jeder Novize ist zu strengstem Stillschweigen verpflichtet und darf sein Wissen unter keinen Umständen weitergeben. Daß solche Mythen von weißen Sammlern im neunzehnten Jahrhundert überhaupt aufgezeichnet wurden, verdeutlicht bereits den beginnenden Zerfall der australischen Urgesellschaft.

Mythologische Erzählungen beschreiben jedoch nicht nur ein bestimmtes Geschehen, sondern liefern gleichzeitig auch Welterklärungen und setzen moralische Normen. Da werden etwa die Eigenschaften der Lebewesen begründet, mißbräuchliche Initiationspraktiken angeprangert, oder der Heros bestraft die Menschen für die Ausrottung seines Totemtiers. In diesem Sinne verläßt der Mythos immer wieder den religiösen Bereich, um die Welt nach seinem Bild einzurichten.

Die Märchen der Aborigines wenden sich an eine breite Zuhörerschaft, einschließlich Frauen und Kinder, zu deren Unterhaltung und Belehrung sie dienen. Sie wurden am abendlichen Lagerfeuer oder während längerer Ruhepausen von meist älteren Männern vorgetragen und so von Generation zu Generation weitergegeben.

Dennoch bleibt auch hier die Verbindung zur Traumzeit ständig spürbar. Nicht nur werden die Geschichten oft ausdrücklich dort angesiedelt, die handelnden ›Personen‹ selbst weisen in die gleiche Richtung. Beereeun, der Eidechsenmann, bestraft die treulosen Papageienschwestern und verwandelt ihren Geliebten in einen Vogel; Goonur, die Känguruhrattenfrau und große Zauberin, erweckt den toten Sohn wieder zum Leben – hinter all diesen Figuren tauchen gleichsam die mythischen Ahnen auf. Die Tatsache, daß manche Märchengestalten nach dem Tod zum Himmel emporsteigen, der bei zahlreichen Stämmen ebenfalls als Aufenthaltsort der Vorfahren gilt, betont solche Zusammenhänge.

Im Märchen sind die Traumzeitwesen jedoch säkularisiert und zum Allgemeingut geworden. Erst dadurch findet auch eine erfrischende Komik Eingang in die Schilderung. Wenn etwa Beeargah, der Habicht, mit verbundenem Kopf den Schwerkranken mimt, um der eigensüchtigen Ratte das Feuer zu stehlen, so tritt der ursprünglich mythologische Gehalt vor dem unterhaltenden Fabulieren und seiner moralisierenden Aussage in den Hintergrund. Dieses spielerische Schweben im Spannungsfeld zwischen den Welten trägt viel zum urtümlichen Charakter der Erzählungen bei.

Häufig thematisiert das australische Märchen soziale Konflikte und Verstöße gegen die strengen Stammesgesetze. Bulpallungo verweigert die schmerzhaften Initiationsprüfungen, Deegeenbojah stiehlt die gemeinsame Jagdbeute, die Mädchen beleidigen das Totemtier ihres abgewiesenen Freiers, und junge Leute mißachten die strikte Heiratsordnung. Die Geschichten berichten jene Ereignisse in eindrucksvoller Realistik, illustrieren die exemplarische Bestrafung der Übeltäter und bekunden so auch ihre erzieherischen Absichten.

Eng damit verbunden ist das ätiologische Element der Erzählungen, das die Eigenarten von Tieren oder Pflanzen zu erklären vorgibt. Der Missetäter wird vielfach zur

Strafe in ein Tier verwandelt, dessen besondere Eigenschaften manchmal überraschend ›logisch‹ aus dem vorangegangenen Geschehen folgen. Deegeenbojah, der Emudieb, verwandelt sich zum Beispiel in den räuberischen Honigfresservogel, der den Honig der wilden Bienen stiehlt. Wo ein solcher Zusammenhang weniger schlüssig erscheint, gleicht die drastische Anschaulichkeit der Schilderung dieses Defizit aus, wie etwa die Geschichte vom Känguruhschwanz zeigt.

Die Märchen wurzeln tief in den animistischen Vorstellungen der australischen Ureinwohner. Naturgewalten wie Regen und Sturm, Donner und Blitz greifen aktiv in das Geschehen ein und treten dem Menschen ehrfurchtgebietend gegenüber. Unter der Erde, im dichten Busch oder in den Sümpfen hausen unheimliche Wesen. Sie streifen als menschenfressende Ungeheuer durch die Steppe und lauern einsamen Jägern auf. Auch Zauberer gehören hierher, welche kraft ihrer magischen Künste mit den dunklen Mächten in Beziehung stehen.

So entfaltet sich vor unseren Augen das Bild einer fremden vergangenen Welt, die dennoch nicht unverständlich bleiben muß. Die Auswahl der vorliegenden Erzählungen erfolgte nach rein thematischen Gesichtspunkten und soll einen Einblick in die Lebenswirklichkeit der australischen Urgesellschaft vermitteln. Das Material entstammt überwiegend englischsprachigen Sammlungen, die gegen Ende des neunzehnten bzw. Anfang des zwanzigsten Jahrhunderts in Nord-, Zentral-, Süd- und Südostaustralien entstanden.

Die Geschichte der australischen Ureinwohner seit dem
Auftreten der weißen Eroberer ist die Geschichte eines
hundertfünfzigjährigen Völkermords, der den traurigen
Vergleich mit dem Schicksal der nordamerikanischen
Indianer nahelegt. Bereits um die Mitte des vorigen Jahrhunderts waren die Bewohner der Insel Tasmanien völlig
ausgerottet. Auf dem Festland reduzierten Massaker,
Treibjagden, Vergiftung der Wasserstellen und von Weißen
eingeschleppte Krankheiten die schwarze Bevölkerung bis
zum Zweiten Weltkrieg von ca. 300000 auf etwa 60000,
also ganze 20 Prozent ihrer ursprünglichen Zahl. Diese
Massaker dauerten übrigens bis in die dreißiger Jahre unseres Jahrhunderts und fanden erst ein Ende, als die australischen Viehzüchter das Aussterben ihrer billigen Arbeits-
kräfte befürchteten und sich humanitäre Stimmen aus aller
Welt meldeten.

Die Überlebenden wurden aus ihren Gebieten vertrieben,
zwangsweise in Reservaten angesiedelt oder wanderten in
die Städte ab. Für sie bedeutete der Verlust des eigenen
Territoriums die Zerstörung ihrer traditionellen Lebensweise.

Das Land mit seinen heiligen Orten, seinen mythischen
Pfaden und von den Ahnen geschaffenen Landschaftsfor-
mationen war zugleich Beweis und Garant für die Allge-
genwart und Beständigkeit einer harmonischen Weltord-
nung, für die Gültigkeit ewiger Gesetze, die das individu-
elle und kollektive Leben des Menschen bestimmten. Mit
dem Diebstahl des Stammeslandes durch die Weißen
wurde dieser alten Ordnung im wahrsten Sinne des Wortes der Boden entzogen. Mit dem Verlust der heiligen Erde
verloren auch das mythologisch begründete Weltbild und
die aus ihm abgeleiteten Stammesgesetze ihre tragende
und bergende Kraft. Es setzte ein sozialer Zerfallsprozeß

ein, der die australischen Ureinwohner für lange Zeit zum Strandgut in der Welt des weißen Mannes machte.

Die Aborigines wehrten sich gegen diesen Vernichtungsfeldzug in einem jahrzehntelangen Guerillakrieg. An seine Stelle traten nach dem Ende des Zweiten Weltkriegs organisierte Kampagnen für gleichen Lohn, gleiche politische Rechte und schließlich in unseren Tagen der Kampf um die Rückgabe der angestammten Gebiete. Hier stehen die Ureinwohner überall in Australien mächtigen internationalen Bergwerkskonzernen gegenüber, die die reichen Rohstoffvorkommen des letzten ihnen noch verbliebenen Landes ausbeuten wollen. (...)

Australien gehört zu den reichsten Staaten der Erde. Seine Ureinwohner aber werden auch am Ende des zwanzigsten Jahrhunderts noch von massiven sozialen Problemen bedrängt. Aborigines haben eine dreimal höhere Kindersterblichkeit und zwanzig Jahre weniger Lebenserwartung als weiße Australier. Ihre Arbeitslosigkeit ist viermal höher, ihr Durchschnittseinkommen beträgt lediglich 50 % der übrigen Bevölkerung. Ein Leben ohne soziale und berufliche Perspektiven führt zu wachsender Kriminalität, zu steigendem Alkohol- und Drogenmißbrauch. Anteilsmäßig sitzen mehr als dreißigmal so viele Aborigines in den Gefängnissen wie Weiße.

Australiens Ureinwohner werden in ihrer großen Mehrheit zu passiven Empfängern staatlicher Wohlfahrtsleistungen degradiert. Armut, schlechte Wohnverhältnisse und eine unzureichende medizinische Versorgung haben in den letzten Jahren zu einer erheblichen Verschlechterung des allgemeinen Gesundheitszustandes der etwa 260000 Aborigines geführt. Ihre Krankheitsrate liegt weit über dem statistischen Durchschnitt. Hinzu kommen Gewalttaten und rassistische Übergriffe, vor allem auch gegen Frauen.

Seit 1967 besitzen die australischen Ureinwohner die vollen Bürgerrechte, seit 1970 ist ihre Landrechtsbewegung offiziell anerkannt. Doch erst 1990 kam es zur Gründung der ATSIC – Aborigine and Torres Strait Islanders Commission –, die als bundesweite Dachorganisation die politischen Interessen der eingeborenen Bevölkerung vertritt. Im Jahre 1995 verfügte die Organisation, die sich aus Vertretern der regionalen schwarzen Communities zusammensetzt, über ein Budget von rund einer Milliarde australische Dollar. Ausgabenschwerpunkte waren: Kultur, Bildung, Gesundheit, Wohnungsbau und die Unterstützung von Landrechtskampagnen. Der jahrzehntelange Kampf der indigenen Australier um ihr Land hat 1992 durch das sogenannte »Mabo«-Urteil des Australian High Court neuen Auftrieb erhalten. Nach einem über 10jährigen Verfahren billigte das höchste Bundesgericht den Einwohnern der Murray-Inseln in der Torresstraße einen grundsätzlichen Rechtsanspruch auf ihr Stammesland zu. Voraussetzung ist allerdings eine ununterbrochene Besiedlung des Landes und die Beibehaltung der traditionellen Lebensweise. Darüber hinaus bleibt auch dieser Rechtsanspruch der britischen Krone als oberstem Souverän bzw. den sie repräsentierenden staatlichen Autoritäten und Gesetzen untergeordnet.

Einflußreiche Kreise malen bereits das Schreckgespenst des wirtschaftlichen Niedergangs an die Wand, mächtige Bergwerksgesellschaften haben ihren Widerstand gegen das Urteil angekündigt. Auf seiner Grundlage werden inzwischen Hunderttausende Quadratkilometer Land in ganz Australien von den Ureinwohnern beansprucht. Wohin die Reise gehen könnte, zeigt das Beispiel des Nordterritoriums. In diesem Bundesstaat wurden schon seit den siebziger Jahren große Teile des Landes an die Ureinwohner zurückgegeben. Hier haben sie ein entscheidendes Mitspracherecht an der Erschließung des Landes und der Verwaltung der Naturparks und heiligen Stätten.

1992, im Jahre der Vereinten Nationen für die eingeborenen Völker der Welt, hat der australische Premier Keating in bisher nie dagewesener Offenheit reagiert. Er hat die Verbrechen und die Schuld eingestanden, die das weiße Australien durch die Zerstörung der eingeborenen Kultur auf sich geladen hat. Für das Jahr 2001, den hundertsten Jahrestag der australischen Föderation, wurde ein Versöhnungspakt mit den Ureinwohnern des Landes propagiert. Wie diese Versöhnung aussehen soll, weiß heute noch niemand. Auf jeden Fall aber haben die Aborigines ein gewichtiges Wort dabei mitzureden. Denn nur dann wird ihre uralte Kultur auch im 21. Jahrhundert überleben.

Freising, September 1996   *Herbert Boltz*

Quellenverzeichnis

❀ ❀ ❀ ❀ ❀ ❀ ❀ ❀ ❀ ❀ ❀

Brough-Smith, R.: The Aborigines of Victoria. Melbourne 1878, Bd. 1

Dunlop, W.: Australian Folklore Stories. In: Journal of the Royal Anthropological Institute of Great Britain and Ireland, 28/1899

Langloh-Parker, K.: Australian Legendary Tales. London 1897

Langloh-Parker, K.: More Australian Legendary Tales. London 1898

Mathews, R. H.: Folklore of the Australian Aborigines. Sidney 1899

Mathews, R. H.: Folktales of the Aborigines of New South Wales. In: Folklore 19/1908

Mathews, R. H.: The Wallaroo and the Willy Wagtail. A Queensland Folktale. In: Folklore 20/1909

Ramsay-Smith, W.: Myths and Legends of the Australian Aboriginals. London/Sidney 1930

Robinson, R.: Legend and Dreaming. Legends of the Dreamtime of the Australian Aborigines. Sidney 1952.

Strehlow, C.: Mythen, Sagen und Märchen des Aranda-Stammes in Zentral-Australien. Frankfurt 1907

Der Bumerang der Fledermaus
  Nach Ramsay-Smith 1930, S. 94
Der große Lehrer
  Nach Strehlow 1907, S. 7
Alinga die Sonnenfrau
  Nach Strehlow 1907, S. 16
Bolong die Regenbogenschlange
  Nach Robinson 1952, S. 19
Warum die Milchstraße dunkle Stellen hat
  Nach Strehlow 1907, S. 24
Der Streit um die Lagune
  Nach Ramsay-Smith 1930, S. 168
Taia der Rattenmond
  Nach Strehlow 1907, S. 17
Worbilinja
  Nach Strehlow 1907, S. 25
Von den Wassern des Himmels
  Nach Strehlow 1907, S. 25
Gulajahlis Geheimnis
  Nach Langloh-Parker 1898, S. 57
Die Feuerstöcke
  Nach Langloh-Parker 1897, S. 30
Der Regenmacher
  Nach Langloh-Parker 1897, S. 120
Warum die Frauen keine Bärte haben
  Nach Mathews 1908, S. 307
Warum die Männer nicht ohne Frauen leben sollen
  Nach Ramsay-Smith 1930, S. 99
Gwaibillah der Abendstern
  Nach Langloh-Parker 1897, S. 77
Bulpallungo
  Nach Ramsay-Smith 1930, S. 301
Wuwallas Rache
  Nach Dunlop 1899, S. 27
Harrimiah und Perindi
  Nach Ramsay-Smith 1930, S. 294
Das Trugbild
  Nach Langloh-Parker 1898, S. 3
Duraks Verwandlung
  Nach Robinson 1952, S. 23

Die steinernen Frösche
Nach Langloh-Parker 1898, S. 79
Der Emudieb
Nach Langloh-Parker 1897, S. 109
Die verschwundenen Jäger
Nach Dunlop 1899, S. 29
Der Bunjip
Nach Dunlop 1899, S. 22
Der Hinterhalt
Nach Ramsay- Smith 1930, S. 10
Geister aus dem Dunkeln
Nach Strehlow 1907, S. 11
Das große Wasser
Nach Langloh-Parker 1898, S. 49
Wie das Känguruh seinen Schwanz bekam
Nach Brough-Smith 1878, Bd. 1, S. 447
Die kluge Schildkröte
Nach Ramsay-Smith 1930, S. 118
Die Rache der Stachelschweine
Nach Ramsay-Smith 1930, S. 78
Der unsichtbare Gefährte
Nach Mathews 1908, S. 226
Wallaroos Ende
Nach Mathews 1909, S. 214
Die Strafe der Berggeister
Nach Ramsay-Smith 1930, S. 84
Der Ruf der Eule
Nach Langloh-Parker 1898, S. 93
Die letzte Reise
Nach Mathews 1899, S. 30

Weiterführende Literatur in Auswahl

❀❀❀❀❀❀❀❀❀❀

Cowan, J.: Geheimnisse der Traumzeit. Das spirituelle Leben der australischen Aborigines. Basel 1994

Glowczewski, B.: Träumer der Wüste. Leben mit den Ureinwohnern Australiens. Wien 1991

Ilgenstein, G.: Die Steinzeitmenschen von Australien und die heutigen Australier. Frankfurt 1993

Klemens, L.: Flüstere zu dem Felsen. Die Botschaft der Ureinwohner unserer Erde zur Bewahrung der Schöpfung. Freiburg 1993

Lawlor, R.: Am Anfang war der Traum. Die Kulturgeschichte der Aborigines. München 1993

Mudrooroo: Die Welt der Aborigines. Das Lexikon zur Mythologie der australischen Ureinwohner. München 1995

POGROM – Die Zeitschrift der Gesellschaft für bedrohte Völker in Göttingen bringt aktuelle Berichte zur Lage der australischen Ureinwohner

Schlatter, G.: Bumerang und Schwirrholz. Eine Einführung in die traditionelle Kultur der australischen Aborigines. Berlin 1985

Supp, E.: Australiens Aborigines. Ende der Traumzeit? Bonn 1994

Wilpert, C.: Der Flug des Bumerang. 40000 Jahre Australier. Hamburg 1987

Yin, G. (Hrsg.): Der mit der Sonne kam. Erzählungen und Gedichte von Aborigines. München 1995

Märchen der Welt

THEMENMÄRCHEN

**Altägyptische
Märchen**
Herausgegeben von
Hans Wuessing
Band 13454

**Märchen
der Antike**
Herausgegeben von
Erich Ackermann
Band 2891

**Märchen
von Brüdern
und Schwestern**
Herausgegeben von
Ulrike Krawczyk
Band 11629

**Märchen
von der Erde**
Herausgegeben von
Barbara Stamer
Band 13675

Eskimo-Märchen
Herausgegeben
von Gisela Perlet
Band 13159

**Märchen vom
Essen und Trinken**
Herausgegeben von
Hans-Jörg Uther
Band 11326

**Märchen
vom Feuer**
Herausgegeben von
Barbara Stamer
Band 13183

**Europäische
Frauenmärchen**
Herausgegeben
von Sigrid Früh
Band 13369

**Märchen
vom Glück**
Herausgegeben von
Hannelore Marzi
Band 12815

Gruselmärchen
Herausgegeben von
Erich Ackermann
Band 12751

**Märchen von
Handwerkern**
Herausgegeben von
Frieder Stöckle
Band 11379

**Märchen von
Hexen und
weisen Frauen**
Herausgegeben
von Sigrid Früh
Band 13363

Fischer Taschenbuch Verlag

Märchen der Welt

THEMENMÄRCHEN

**Indianermärchen
aus Nordamerika**
Herausgegeben von
Frederik Hetmann
Band 13365

**Indianermärchen
aus Südamerika**
Herausgegeben von
Frederik Hetmann
und Leonardo Wild
Band 13319

**Märchen der
Azteken, Maya
und Tolteken**
Herausgegeben von
Frederik Hetmann
Band 13361

**Märchen der
Prärieindianer**
Herausgegeben von
Frederik Hetmann
Band 13366

**Indianermärchen
der Pueblo, Hopi
und Navajo**
Herausgegeben von
Frederik Hetmann
Band 13364

Jüdische Märchen
Herausgegeben von
Israel Zwi Kanner
Band 2898

Keltische Märchen
Herausgegeben von
Frederik Hetmann
Band 2899

**Märchen
von Katzen**
Herausgegeben von
Barbara Stamer
Band 12546

**Märchen
von Krankheit
und Heilung**
Herausgegeben von
Stephan Marks
Band 12883

**Märchen
von Männern**
Herausgegeben von
Stephan Marks
Band 11392

**Märchen von
Mördern und
Meisterdieben**
Herausgegeben von
Volker Ladenthin
Band 2887

**Märchen
von Müttern
und Töchtern**
Herausgegeben von
Ulrike Krawczyk
und Sigrid Früh
Band 13368

Fischer Taschenbuch Verlag

Märchen der Welt

THEMENMÄRCHEN

Musikmärchen
Herausgegeben von
Leander Petzoldt
Band 12463

**Orientalische
Frauenmärchen**
Herausgegeben von
Hannelore Marzi
Band 12652

**Märchen
von Riesen**
Herausgegeben von
Erich Ackermann
Band 11674

**Märchen von
Sonne, Mond
und Sternen**
Herausgegeben von
Ulrike Krawczyk
Band 12531

**Märchen von
Spiel und Tanz**
Herausgegeben von
Helga Volkmann
Band 12799

**Märchen
von Teufeln**
Herausgegeben
von Wilhelm Solms
und Sigrid Früh
Band 12219

**Märchen
von Tieren**
Herausgegeben von
Leander Petzoldt
Band 11943

**Märchen
aus Tirol**
Herausgegeben von
Leander Petzoldt
Band 13856

**Märchen von
Treue und
Freundschaft**
Herausgegeben von
Hannelore Marzi
Band 11933

**Venezianische
Märchen**
Herausgegeben von
Herbert Boltz
Band 13017

**Märchen
vom Wasser**
Herausgegeben
von Barbara Stamer
Band 12810

**Märchen
von Zwergen**
Herausgegeben von
Erich Ackermann
Band 12472

Fischer Taschenbuch Verlag

fi 1524 / 11 c

Märchen der Welt

LÄNDERMÄRCHEN

**Märchen
aus Litauen**
Herausgegeben von
Jochen D. Range
Band 11798

**Märchen
aus Österreich**
Herausgegeben von
Leander Petzoldt
Band 11064

**Märchen
aus Persien**
Herausgegeben
von Inge Hoepfner
Band 2900

**Märchen
der Provence**
Herausgegeben
von Marlies Hörger
Band 10656

**Russische
Zaubermärchen**
Herausgegeben
von Sigrid Früh
und Paul Walch
Band 12557

**Märchen
aus Rußland**
Herausgegeben von
Alexei N. Tolstoi
Band 2901

**Märchen aus
Schottland**
Herausgegeben von
Frederik Hetmann
Band 11391

**Märchen aus
der Schweiz**
Herausgegeben von
Sigrid Früh und
Götz E. Hübner
Band 11939

**Märchen aus
Skandinavien**
Herausgegeben von
Erich Ackermann
Band 13150

**Tibetische
Märchen**
Herausgegeben
von Josef Guter
Band 13577

**Türkische
Märchen**
Herausgegeben
von Adelheid
Uzunoglu-
Ocherbauer
Band 13753

**Märchen
aus Ungarn**
Herausgegeben von
Leander Petzoldt
Band 12063

Fischer Taschenbuch Verlag